The Story of World Mythologies
From Indigenous Tales to Classical Legends

［ヴィジュアル版］ テーマとキャラクターで見る

世界の神話 〈下〉

テリー・アン・ホワイト——著
Terri-ann White

大間知 知子——訳
Tomoko Omachi

原書房

叙事詩が語る神話　089

死と死後の世界　117

歴史、伝説、神話のあいだ　155

伝説の英雄、空想的な生き物と事件

伝説の英雄や空想的な生き物には、生死をかけた、それどころか世界の終わりをかけた大規模な戦いに備えた変身がつきものだ。悪だくみは必ずと言っていいほど存在するが、優しい物語もある。美しい不死の人間、恐ろしい怪物、奇妙な生き物がほとんどの物語に登場する。複雑な構造を持つこれらの物語は、数世代にわたる口頭伝承を経て発展したと思われる。そこに含まれるシンプルな教訓は、現代の読者も共感できる普遍的な人間の性質を伝え続けている。

獣退治
ギリシア

古代ギリシア神話は人間が英雄的な偉業を成し遂げたり、不気味な怪物を退治したりする物語がたくさんある。これらの物語は人々の心に深く刻まれ、今も世界中で繰り返し語り継がれている。

◉テセウスとミノタウロス

テセウスはアテナイの偉大な建国の英雄であり、海神ポセイドンとアテナイの王アイゲウスの両方を父に持つという奇跡的な出生の人物である。彼は忌まわしいミノタウロスを退治したことでよく知られている。ミノタウロスは牡牛の頭と人間の体を持つ怪物で、クレタ島の迷宮に住み、アテナイの若い男女を毎年生贄として要求した。幸運にもクレタの王の娘アリアドネがテセウスに恋をして、結婚の約束と引き換えにテセウスを手助けした。テセウスはアリアドネから糸玉をもらい、帰り道がわかるように糸を繰り出しながら迷宮を進んだ。彼はねぐら

【幾何学様式】
◉古代ギリシア神話を後世に伝えるもっとも魅力的な資料のひとつは、幾何学様式時代（前900〜800年頃）に作られた陶器に描かれた図案である。

で眠るミノタウロスの不意を突き、怪物を倒して殺した。テセウスはアリアドネとともにアテナイ目指して船を出したが、自分の無事を父親に知らせる合図として、白い帆を張るのを忘れてしまった。息子が死んだと思い込んだアイゲウス王は悲しみのあまり海に身を投げ、それ以来その海はアイゲウス(Aegeusu)の名にちなんでエーゲ(Aegean)海と呼ばれるようになった。

◉ペルセウスとメデューサ

ペルセウスはダナエとゼウスの息子である。ペルセウスの祖父、ア

◉エクフォラ(葬列)を描いた古代ギリシアの後期幾何学様式時代の壺(前750〜735年)。

クリシオス王は、いつか孫息子に殺されるという神託を受けていたので、生まれた赤ん坊と母親を追放した。ペルセウスが成長すると、ダナエはポリュデクテス王との結婚を迫られた。王は青年となったペルセウスがゴルゴン三姉妹のひとりであるメデューサを退治すれば、ダナエを解放すると約束した。三姉妹のうち、メデューサだけは不死ではなかったが、蛇の髪を持つ醜悪な怪物で、見たものを石

【変化する物語】

●もともと古代ギリシアの神話は叙事詩と賛歌の口頭伝承によって伝えられてきた。知られている中で最古の文字で書かれた文献は、ホメロスの叙事詩『イリアス』と『オデュッセイア』である。それから何世紀もたってからギリシア神話のいくつかのバージョンがヘレニズム時代の偉大な悲劇や喜劇によって永遠に形になり、ローマ帝国時代にはプルタルコスやパウサニアスによって保存された。ギリシア神話の同じ物語にいくつものバージョンがあるのはこうした事情があるからだ。

と化す力があった。ペルセウスは神々に助けを求め、いくつもの魔法の道具を手に入れた。その中に羽のついたサンダルやピカピカに磨かれた盾があり、盾はメデューサの視線を跳ね返すために役立った。ペルセウスはこれらの道具を使ってメデューサを殺し、母親を自由の身にした。皮肉なことに、ペルセウスは思いがけず神託を成就させてしまう。円盤投げの競技に参加したとき、彼が投げた円盤が偶然アクリシオスに当たったのが原因で、彼の祖父は死んでしまった。のちにペルセウスはヘラクレスの祖父エレクトリュオンの父親となった。

◉ヘラクレス

古代ギリシアにはとてつもない困難を乗り越え、人間わざとは思えない偉業をなしとげた英雄の物語が数多くあるが、その中でもヘラ

◉ 『メデューサの頭部を掲げるペルセウス』、ベンヴェヌート・チェッリーニ作。

クレスは並外れた怪力でもっとも有名なギリシアの英雄である。ヘ
ラクレスの人物像の重要な一面は、過去の過ちへの後悔と悲しみの
念だ。彼は女神ヘラに操られて正気を失い、妻と子供たちを殺して
しまった。われに返ったとき、ヘラクレスはまっさきに命を断とう
と考えたが、思いとどまって罪の償いを求めた。デルフォイの神託

◉クレタ島の牡牛を捕らえるヘラクレスを描いたテラコッタ製の飾り板（カンパーナの飾り板
と呼ばれる）、ローマ、イタリア。

◉ヘラクレスの石像。

を通じて与えられた罰は、エウリュステウス王の要求する12の難業を果たすことで、そのひとつひとつが途方もない仕事だった。ヘラクレスはヘルメスとアテナの助けを借りて、12年かけてその難業をやりぬいた。武器では傷つけられないライオンを仕留め、9つの頭を持つヒュドラを退治し、冥界と天界の両方を駆けめぐり、アウゲイアス王の家畜小屋を1日で掃除した。家畜小屋には数千頭の牛がいて、糞が山のように積もっていたが、彼はふたつの川の流れを変えて小屋の汚れを洗い流した。

【ヘラクレスの12の難業】

1. 矢では射抜けない頑丈な皮を持つネメアのライオンを退治する。
2. レルネに棲む9つの頭を持つ蛇ヒュドラを退治する。
3. 女神アルテミスに守られたケリュネイアの牝鹿を生け捕りにする。
4. エリュマントスに棲む気の荒い猪を捕獲する。
5. 30年間掃除されていなかった数千頭の牛がいるアウゲイアス王の家畜小屋を1日で掃除する。
6. 金属のように鋭いくちばしと爪を持ち、羽根が投げ矢のように飛んでくる獰猛なステュムパリデスの怪鳥を退治する。
7. クレタ島の火を吐く牡牛を捕獲する。
8. ディオメデス王の血に飢えた人食い馬を捕獲する。
9. アマゾネスの女王ヒッポリテの腰帯を盗み出す。
10. 3人の人間の体を持つ翼が生えた怪物ゲリュオンが飼っている牛を捕獲する。
11. ヘスペリデスのニンフが世話をする黄金のリンゴを盗み出す。
12. 3つの頭を持つ冥界の番犬ケルベロスを捕獲する。

　伝説の英雄、空想的な生き物と事件

孫悟空

中国

猿王（孫悟空）は中国の神話に登場するキャラクターである。宋王朝（960〜1279年）時代以降、孫悟空は数々の伝説に登場し、16世紀に呉承恩（ごしょうおん）によって書かれた小説『西遊記』の主人公になった。

天地開闢以来、花果山（かかざん）にあるひとつの岩が、自然界の滋養と気のエネルギーを吸収し続けていた。気とは空気や息を表し、身体的なものと霊的なものを体内で統合する考え方である。この岩からひとつの石の卵が生じ、卵から孫悟空が生まれた。孫悟空は威勢のいいトリックスターで、猿の王として400年間君臨したあと、不死の術を学びたいと考えた。彼は不死の道教の師匠からさまざまな動物に変身する術や、雲に乗ってひととびで数千キロメートル移動する術を学んだ。そして天界の支配者玉皇大帝（ぎょくこう）に背いて、天界で騒動を起こした。

　天界の役人たちは孫悟空を捕まえて反逆罪で罰しようとした。ようやく天の軍勢が

●呉承恩による小説『西遊記』の主人公の猿王（孫悟空）。

●日本で描かれた孫悟空。

孫悟空を捕まえたが、彼を殺すことはできなかった。そこで仏陀は一計を案じて、孫悟空を霊山である五指山に幽閉した。500年後、孫悟空はひとりの僧侶によって解放され、一緒に西方へ向かう波乱万丈の旅に出る。僧侶は西方で仏教の経典を集め、中国に持ち帰った。僧侶の供をして旅をすることによって、孫悟空は罪を償い、悟りを開く。『西遊記』では、孫悟空は自由に大きさを変えられる鉄でできた魔法の棒を持っている。東海竜王から手に入れたこの如意棒は数トンの重さがあったが、普段は孫悟空の耳の後ろに納まっている。孫悟空の性格は、仏教でいう「心猿」を体現している。これは情欲に駆られて落ち着きのない人間の心を表している。

オオクニヌシの試練

日本

オオクニヌシは日本の神道の神である。オオクニヌシはもともと古代の出雲の国の支配者だったが、やがて目に見えない霊魂の世界である幽冥界の支配者になった。

◉日本の出雲大社にあるオオクニヌシの銅像。

◉出雲大社は日本でもっとも古くて重要な神社のひとつだ。伝説によれば、天の女神アマテラスの孫息子ニニギノミコトが天から降り立ち、オオクニヌシから出雲の国を譲られた。アマテラスは大変喜んで、オオクニヌシに出雲大社を贈った。

　伝説の英雄、空想的な生き物と事件

オオクニヌシには因幡の白兎の伝説が伝わっている。オオクニヌシにはたくさんの兄がいて、彼らから僕のように扱われていた。兄たちは美しい姫（あるいは女神）のうわさを聞きつけ、ぜひとも妻にしたいと考えた。彼らはオオクニヌシに重い荷物を担がせて姫に会いに出かけた。オオクニヌシはしだいに一行から遅れはじめた。途中で兄たちは皮をはがれて痛がる兎に出会うが、彼らのいいかげんな助言のせいで、兎の痛みはますますひどくなった。オオクニヌシがこの兎を見つけて手当てしてやると、まもなく兎はすっかり回復した。

　兎はオオクニヌシが僕のように見えようと、ヤガミヒメは兄たちではなく、オオクニヌシを選ぶだろうと予言する。実際にそのとお

◉因幡の白兎とオオクニヌシの像、日本。

りになったので、兄たちは激怒した。彼らは何度もオオクニヌシを殺そうとし、そのたびに母親が彼を救った。とうとう母親はオオクニヌシを冥界に逃がした。オオクニヌシは冥界で嵐の神スサノオの娘スセリヒメに愛された。スサノオは娘の結婚に同意せず、オオクニヌシを殺そうとする。オオクニヌシが何度命を狙われても切り抜けたので、スサノオは彼に一目置くようになった。ある夜、オオクニヌシはスサノオの髪を垂木に結んでスセリヒメを連れて逃げ、出雲の国の支配者になった。

　オオクニヌシは国を造って支配していたが、神道の主神アマテラスの孫のニニギノミコトに国を譲ることになった。オオクニヌシはニニギノミコトに政治権力を譲ったが、信仰と霊的な領域の支配権を持ち続けている。

　日本の神話では、オオクニヌシは農耕、薬、医療、結婚の神である。

不死身のコシチェイ

ロシア

**不死身のコシチェイは、不滅のコシチェイとも呼ばれ、スラヴの民間伝承に
出てくる変身する邪悪な魔法使いである。彼は裸で魔法の馬に乗り、ロシア
の山々を駆けめぐる醜い男として描かれる。同じくスラヴの民間伝承に登場す
る魔女のバーバ・ヤーガと同様に、天候を操る力がある。コシチェイは変身
する能力があり、怪物にも人間にもなることができ、女性をさらっていくときはつむ
じ風の姿になる。**

コシチェイとイヴァン王子にはこんな伝説がある。イヴァン王子の
両親は亡くなって、姉妹はみな嫁いでしまったので、彼はひとり
ぼっちだった。イヴァンは寂しくなって姉妹を探しに出かけ、その
途中で戦士のマリヤに出会って恋に落ちる。結婚後、マリヤは戦争
に行くことに決め、イヴァンに館の世話を任せて、ある小部屋だけ
は決してのぞいてはいけないと言い残して出発する。しかしイヴァ
ン王子は誘惑に勝てなかった。部屋の中には12本の鎖で縛られた老
人がいた。老人は水が欲しいと言い、イヴァンは優しい人柄だった
ので、水の入った12個のバケツを運んでやった。

　老人は水を飲むとたちまち元気になり、若々しい力を取り戻し
て、鎖をちぎって自由の身になった。老人はコシチェイだったの
だ。彼はマリヤを見つけて捕まえるために姿を消した。イヴァンは
追跡しようとしたが、コシチェイは彼をばらばらに切り刻んで海に
捨てた。幸いなことに、コシチェイの姉妹とその魔法使いの夫たち
が現れてイヴァンを救った。イヴァンはマリヤと再会し、力を合わ
せてコシチェイを倒した。イヴァンの馬がコシチェイの頭を蹴り、
ふたりはコシチェイの体を燃やし、彼が本当は不死身でないことを

明らかにした。

　ほとんどのバージョンで、コシチェイは自分の魂を取り出して、それをいくつかの物体や動物の中に隠し、それらを箱にしまい込むことで不死身になる。魂は針、卵、アヒル、兎の中に隠され、すべてが箱にしまわれて、オークの木の下に埋められる。しかし、彼は魔法をかけるときにひとつ間違いを犯し、結局はそれが命取りになった。

●不死身のコシチェイ——マリヤ・モレーヴナのおとぎ話の挿画。

◉マリヤ・モレーヴナを連れ去る不死身のコシチェイ、ロシアの画家ボリス・スヴォリキン
（1872〜1942年）画。

吸血鬼、デーモン、霊
世界の神話

◉吸血鬼

吸血鬼は生きている人間の血を餌にする民間伝承の中の生き物だ。古い吸血鬼の物語では、この生き物は人間の姿を持たない超自然的な存在とされている。現代の吸血鬼——亡霊や亡者——のイメージは、18世紀に誕生した。吸血鬼伝説は東ヨーロッパとバルカン半島、そして特にトランシルヴァニアに起源がある。吸血鬼文学の中でもっとも有名な人物は、1897年にイギリスでブラム・ストーカーが書いた『ドラキュラ』である。

吸血鬼には鏡に映らないもの、変身できるもの、太陽の光を浴びると死ぬものなどがいる。彼らに共通する唯一の特徴は、血を吸わなければ生きていけないことだ。数世紀前、吸血鬼は誕生時に、乳首の数が多いこと(ルーマニア)や下唇が割れていること(ロシア)などの特徴で見分けられると信じられていた。

中世ヨーロッパでは腐敗の過程が理解されていなかったため、遺体が掘り起こされたとき、腐敗が引き起こすごく普通の現象が誤って解釈されたのかもしれない。たとえば腸が腐敗すると遺体が膨張し、口の中に血液が送られるため、あたかも死体が血を吸ったばかりのように見える。

吸血鬼は大衆文化のあちこちに今も登場し、世界には自分がゴシック系サブカルチャーに属する吸血鬼だと自称する人々が数多くいる。

◉デーモン

悪魔という言葉は、神格を持つものを意味するラテン語のダエモニ
ウムに起源がある。デーモンはたいてい邪悪な存在だ。アメリカ先
住民などの文化では、ハリケーンや旱魃のような破壊的な自然現象
をデーモンのしわざと考えている。

　デーモンを指す名前として、吸血鬼、ゴブリン、サタン、ポル
ターガイスト、ロキ、堕天使、ゴルゴンなどがある。今日でもさま
ざまな文化でデーモンが人間に取りついて、悪魔祓いをする必要が
あったという話がいくつも報告されている。

◉霊

霊はふつう、物質的な形を持たない超自然的な存在である。私たち
ひとりひとりの中に霊的な存在が宿っていると考える文化もある。
この霊的な本質は永遠で、人間の肉体は一時的な住居に過ぎない。
幽霊という言葉は、ときには霊と同じ意味で用いられるが、否定的
な意味合いを持つ場合が多い。幽霊は霊の世界の光の中に行きそび
れて、まだ現世に縛られている霊だと信じる人々もいる。魂は不滅
であり、肉体より先に存在しているが、霊は人間と統合された一部
分として、体とともに発達し、成長する。

　キリスト教の教義では、神は聖霊と呼ばれるが、聖書では邪悪な
霊についても言及されている。

●ヴラド3世串刺し公、通称ドラキュラ（1431～76年）。1897年のブラム・ストーカーによる小説『ドラキュラ』は、この人物にヒントを得て書かれた。無名の作者によるこの肖像画は16世紀に描かれた。

◉悪魔に取りつかれた女性の悪魔祓いの儀式を描いた14世紀イタリアの絵画。

イーゴリ公とクラク王

ロシアとポーランド

●イーゴリ公

古代ロシアで1187年頃に書かれた叙情豊かな散文詩『イーゴリ遠征物語』は、イーゴリ・スヴャトスラヴィチ公の遠征と戦闘の物語である。この作品の荘厳な文体と雰囲気は、13世紀のモンゴル人侵入以前のロシアで、半ば神話的な騎士道黄金時代の思想が広まるきっかけになった。

　勇敢公の異名をとるイーゴリ・スヴャトスラヴィチ公は、1151年に生まれ、1202年に亡くなった歴史上の人物である。彼はリューリク朝出身のロシアの公のひとりで、輝かしい軍歴の持ち主だった。しかし、イーゴリと家族は遊牧民族のクマン人に敗れ、捕らえられてしまう。1186年にイーゴリは脱出し、現代のウクライナにあたるノヴゴロド・セヴェルスキー公国の支配権を回復した。

　アレクサンドル・ボロディンが1887年に作曲したオペラ『イーゴリ公』は、この叙事詩に基づいている。

●クラク王

クラク王、またはクラクス王は、8世紀に古代のクラクフ市を創立したポーランドの伝説的英雄である。伝説によれば、ある町の住民がヴィスワ川沿いのヴァヴェルの丘のふもとの洞窟に棲む邪悪な竜に虐げられていた。ポーランド王は、竜を退治した者に褒美として娘との結婚を許すとお触れを出した。多数の騎士がドラゴン退治を試みて失敗した。クラクは王女との結婚を切望し、武力の不足を創意工夫で補った。彼は1頭の羊に硫黄を詰め、竜の洞窟の前に置い

◉ペチェネグ人と戦うイーゴリ・スヴャトスラヴィチ公(『ラジヴィウ年代記』より)、15世紀。ロシア科学アカデミー図書館所蔵、サンクトペテルブルク。

◉クラクスの丘、クラクフ市、ポーランド。

た。竜が羊を食べると、硫黄が竜の腹の中で発火した。竜はあわて
て水を飲み、川の水を半分飲み干したところで体が破裂した。クラ
クはクラクフ市を建設し、ヴァヴェルの丘の上にヴァヴェル城を築
いて、王女と結婚してクラク公となった。

　のちにクラク公はポーランド王になり、ローマ軍の侵攻を防い
だ。クラクが死ぬと、その栄誉を称えるために貴族や農民が砂や土
を持ち寄って、眺望のいい丘を築いた。クラクス山(コピェツ・クラ
クサ)と呼ばれるこの墳墓は現在も残り、現代のクラクフ市全体を
見晴らすことができる。

ドラゴン
世界の神話

ドラゴンは神話上の獣で、たいてい火を吐く怪物として描かれる。西洋の伝承では、ドラゴンは一般的にコウモリのような翼と長い尾を持ち、鱗のある四つ足の巨大な生き物として表される。東洋の伝承では、ドラゴンにはたいてい翼はなく、より温和な性格をしている。

最古のドラゴンの記録は、現代のイラクにあたるメソポタミアに見られる。ドラゴンの物語は古代ギリシア、日本、中国に広がった。ドラゴンの伝説は場所によって大きく異なる。ギリシア神話の中には、ドラゴンの血に体を浸せば無敵になれるという言い伝えがある。アジアでは、ドラゴンは幸運をもたらす皇帝の象徴である。

　ドラゴンが邪悪の象徴とされる場合もある。たとえばキリスト教では、ドラゴンは異教の信仰と罪の象徴だ。多くの物語で、ドラゴン退治は英雄の冒険譚の最後を飾っている。ドラゴン退治で有名な人物に、ペルセウス、トール、ベーオウルフ、聖ゲオルギウス、イアソン、ヘラクレスなどがいる。

　中国の神話では、東西南北の4つの海を4人の竜王、敖廣、敖閏、敖順、敖欽の四兄弟が守っている。彼らは雨を降らせることも、止ませることもできるので、人々は旱魃や洪水があれば彼らに祈りを捧げた。ある時代には、中国ではすべての井戸のそばに竜王の神社があった。

　ドラゴンは今でも映画、小説、ビデオゲーム、ボードゲームなど、空想的な作品の人気キャラクターだ。

◉聖ゲオルギウスとドラゴンを描いた16世紀の木版画、アルブレヒト・デューラー画。

◉中央アジアで作られた12世紀の絹のタペストリー。長い鼻づらと後ろ脚に絡まった尾を持つ
ドラゴンの描き方は、中央アジアで少なくとも元王朝まで続いた唐代の風習である。

黙示録

世界の神話

歴史がはじまって以来、恐竜を地上から一掃したような世界的大災害
——黙示録さながらの出来事——がいつかは起きて、人類は滅ぶだろうと
多くの人々が信じてきた。このような黙示録的な考えは今も私たちの世界に根
強く残っている。

黙示録という言葉は、ギリシア語で「知識の啓示」を意味するアポカ
リュプシスに由来する。黙示録という言葉が大災害という意味で使
われるのは、新約聖書の啓示の書である『ヨハネの黙示録』に起源が
ある。パトモスのヨハネという謎の人物によって書かれたとされる
黙示録は、世界がどのようにして終わるかを予言している。そのた
め、「黙示録」という言葉は差し迫った運命の啓示と、大災害そのも
のの両方を意味するようになった。

　16世紀にフランスの予言者ノストラダムス(ミシェル・ド・ノートル
ダム)は、息子にあてた手紙で世界の終わりについて述べた。それ
は気象と天体の運行を除くあらゆるものを破壊する世界的な大洪水
と大火災の発生である。その大災害が起きるのは、手紙を書いたと
きから7000年後の8555年であると彼は信じていた。以来、ノスト
ラダムスの予言が実現すると固く信じるカルト集団がいくつも生ま
れている。

　マヤ暦が2012年に終了するように見えることから、2012年12月
が世界の終わりだと多くの人々が信じた。これは現在の世界に与え

られた数少ない具体的な終末の日付のひとつだ。しかし、前述したとおり（上巻145頁参照）、マヤ人にとってこの日付はひとつのサイクルの終りと新しいサイクルのはじまりを象徴していた。

　北欧神話では、ラグナロクは神々の滅亡と終焉であり、世界は炎で焼き尽くされるとされている（下巻48頁参照）。

◉息子のセザール・ド・ノートルダムによって描かれたミシェル・ド・ノートルダム（ノストラダムス）の肖像。

◉『彼の怒りの大いなる
日』、銅版画、チャール
ズ・モットラム（1807～
76年）。聖書で予言され
た黙示録的大災害をキリ
スト教の視点から描写し
たもの。

　伝説の英雄、空想的な生き物と事件

黙示録の四騎士
中東

『ヨハネの黙示録』第6章には黙示録の四騎士が登場する。ヨハネの幻視は、馬に乗った彼らが破壊者として現れて、時の終わりを示すというものだった。四騎士はそれぞれ赤い馬、黒い馬、白い馬、青白い馬に乗っている。赤い馬は戦争の象徴で、赤は流血を表している。この騎士は剣を持っている。黒い馬は戦争が原因で発生する飢饉の象徴で、騎士は秤を持っている。青白い馬は恐怖、疫病、腐敗と死を象徴し、青白さは死にかけた者、あるいは死んだばかりの者の病的な色を表す。征服の象徴である白い馬の騎士だけは、その意味が議論の的になっている。最後にはすべてに打ち勝つキリストの象徴だと考える人もいる。白い馬の騎手は冠をかぶって、世界を征服するために出発する。

●黙示録の四騎士——マルティン・ルター訳の『新約聖書』のために描かれた黙示録の21場面の木版画の1枚。1523年3月から1524年4月にかけてシルヴァン・オトマールによりアウグスブルグで4刷が発行された。

ラグナロク

スカンジナヴィア

古ノルド語で、ラグナロクは「神々の運命」を意味している。北欧神話では、これは世界の破滅と災厄の日を指している。ラグナロクは周期的に起きるという説がある。世界の終焉とそれに続く新たな創造は何度も繰り返され、この周期が歴史を作る。だから創造と破壊はお互いに必要なものだ。一方で、ラグナロクは1回しか起きないと考える人もいる。

北欧神話では、ヴァルキュリアは戦場で戦士の生死を決定する女たちだ。彼女たちは選ばれた数少ない人々を主神オーディンの館、ヴァルハラに連れて行く。勇敢な戦士たちはラグナロクに備えてヴァルハラで暮らし、ラグナロクが起きればオーディンと敵対するロキの息子の巨大な狼フェンリルと戦う。フェンリルは神々によって捕らえられ、鎖でつながれていたが、体がどんどん大きくなって、ラグナロクが起きたときには天と地のあいだを埋めつくすほどになっていた。

　北欧神話では、太陽の女神ソルがラグナロクの災厄のあいだにフェンリルに飲み込まれてしまう。オーディンの息子トールは、彼の最大の敵ロキのもうひとりの息子、ミズガルズの蛇と戦って敗れた過去があった。彼らはふたたびラグナロクで戦い、相討ちとなって息絶える。

　ラグナロクの到来が近づくと、前触れとして夏が来ず、太陽も見えないすさまじい寒さの冬が3年続き、3羽の雄鶏がそれぞれ森、ヴァルハラ、地獄で鳴く。

　神々と人間の最高指導者として、世界の終焉の日をできるだけ遅らせるのがオーディンの役目だ。ラグナロクのあと、すべては海に

沈む。続いて海の中から大地が顔を出す。

　ラグナロクのあとにはリーヴとリーフスラシルというふたりの人間が生き残り、ふたたび世界に子孫を増やす。ラグナロクの最後の戦いが終わると、善神バルドルに率いられて、北欧神話の神々の一部が復活する。

◉『続いて恐ろしい戦いがはじまる』と題するジョージ・ライトのラグナロクの絵。北欧神話の神々の滅亡と世界の終焉をもたらす大戦争を描いている。

◉北欧神話における最終戦争と世界の終焉ラグナロク。ヨハネス・ゲールツ画。

世界の破壊者シヴァ
インド

ヒンドゥー教の神々の中心は、トリムールティ、すなわち三神一体をなす3柱の主神、ブラフマー（創造神）、ヴィシュヌ（維持神）、シヴァ（破壊神）である。

これらの神々には多数の化身、すなわち地上に現れた姿がある。ヒンドゥー教の神話に登場するすべての神々の中で、シヴァだけが破壊と再生の両方の力を持っている。

シヴァは象の頭を持つ神ガネーシャの父親だ。彼はナンディという名の牡牛に乗り、ナンディはシヴァの住居の門番も務める。シヴァはヨガ、瞑想、芸術の守護者でもある。シヴァと配偶神のパールヴァティーは、完全な結婚における男女の平等のシンボルとして、アルダナーヴィーシュヴァラ（男女両性の神）の姿で象徴される。

シヴァは額に第3の目があり、首に蛇を巻いた姿で描かれる。蛇は、抑制さえすれば身につけていても無害な自我の象徴である。シヴァは外見を気にする見栄への警告として、灰に覆われた姿で表される場合もある。

シヴァはラースヤ（「創造の踊り」）とターンダヴァを舞うナタラージャ（「舞踊の王」）である。ターンダヴァは各時代の終わりに世界を破壊するために舞う舞踊で、「死の宇宙舞踊」と訳される。

伝説によれば、シヴァはまだそのときではないのに、うっかりターンダヴァを舞って、あやうく世界の終わりをもたらすところだった。彼の最初の妻サティの父親が結婚を許さなかったため、サティは火の中に身を投げて死んだ。瞑想中だったシヴァは、妻の死を知らされると、怒りのあまり死の宇宙舞踊を踊りはじめた。居合わせた神々がシヴァをなだめようとサティの遺灰を集めて渡したの

で、彼は途中で踊りをやめた。シヴァは何年も瞑想しつづけ、つい
にサティはパールヴァティーとしてよみがえった。

　シヴァによる破壊を否定的にとらえるべきではない。それは世界
を再生に導く建設的な破壊だからだ。彼は人間の進歩と霊的な発達
を手助けするために、悪、無知、悪縁を滅ぼす。

　もうこれ以上進歩の余地がなくなり、人間の内面から葛藤が消え
ると、シヴァは死を滅ぼす。

◉8世紀頃に作られた三神一体の像、エローラ石窟群内のカイラサナータ石窟寺院、マハー
ラーシュートラ州、インド。

◉15世紀の作家バヌダッタによるサンスクリット語の恋愛詩『ラサマンジャリ』（喜びの神髄）の挿画の連作の1枚。さいころを使うチャウパーという賭け事で首飾りを取られたパールヴァティーが、夫のシヴァに懇願している。

蜘蛛女の帰還

北アメリカ

蜘蛛のおばあさんは、蜘蛛女や蜘蛛の老女とも呼ばれ、ホピ族などのアメリカ先住民の神話に登場する世界の創造者である。ホピ族はモキ族という名でも知られ、現在アリゾナと呼ばれる土地と関わりが深い。彼らの正式名称はホピトゥ・シヌム（「平和な人々」）という。

◉アリゾナ州のホピ族が作った精霊クーエムシの頭巾。このようなホピ族の伝統的信仰の遺物は、アメリカ先住民文化の目に見えない霊的世界とのつながりを示している。

アリゾナ州のキャニオン・デ・シェイにある「スパイダーロック」は、ドリームキャッチャー(持ち主にいい夢が見せると言われる、輪に蜘蛛の巣のように糸を張った装飾品)を作ったとも伝えられる蜘蛛のおばあさんの家だ。蜘蛛のおばあさんが編んだ巣が山のしずくで覆われ、その巣が空に放り投げられて、夜空の星が造られた。

　蜘蛛のおばあさんは創造の周期が繰り返されるたびに、ずっと命の網を編み続ける。人間はばらばらの存在ではなく、同じエネルギーを共有することによって、この網につながっている。ひとりひとりがこの世界の創造主である「大いなる神秘」の一部なのである。

【 太陽を盗んだ蜘蛛のおばあさん 】

◉まだ大地ができたばかりのとき、人間や動物を照らす光や暖かさは存在しなかった。何もかも闇に包まれていた。太陽の番人は太陽を木の上に吊るして守っていた。動物たちは、どうすれば太陽が手に入るかを話し合った。最初にビーバーが太陽を盗み出し、ふさふさの尻尾の中に隠そうとした。次に鷹が太陽を盗んで、背中に載せて飛ぼうとした。どちらも太陽が熱すぎてやけどし、太陽を地面に落としてしまった。太陽の番人はそれを拾って、元どおりに木に吊るした。蜘蛛のおばあさんは村から太陽のある場所まで網を張り、網の上を歩いて太陽を持ち帰った。それから彼女は誰もが太陽の恩恵を得られるように、村から空までもうひとつの網を編んで太陽を空に運んで置いてきた。

◉ホピ族は現在の世界の前に3つの世界があり、いずれも人間の破滅的な行動が原因で滅ぼされたと信じている。現在の世界は第4の世界で、まもなく第5の世界に移行する。それぞれの世界の終末が訪れると、蜘蛛のおばあさんは子宮を象徴するトンネルを通って、ホピ族とそのほかの善良な人々を次の世界、すなわち次の時代に連れていく。

◉アリゾナ州アパッチ郡のスパイダーロック。

トリックスター

トリックスターは数多くの世界の神話に登場する。彼らは頭の回転が速く、社会の秩序を乱す存在だ。神々の場合もあれば、人間の場合もあり、彼らの行為はすべての人々に重大な影響を与える。真理を中心に据える一神教が形成されると、トリックスターは敬遠され、悪者扱いされるようになった。

コヨーテとワタリガラス
北アメリカ

アメリカ先住民神話の2種類の主要なトリックスターであるコヨーテとワタリガラスは、多くの特徴を共有している。彼らに関するさまざまな物語が、いくつもの部族に伝わっている。コヨーテは嘘をついた最初の存在であり、そのせいで世界に病気と死がもたらされた。コヨーテと狼のあいだで口論になって、狼がコヨーテの息子を殺した。これが最初の死となった。

月が行方不明になったとき、コヨーテは自分が月の代わりをしようと言った。高いところから見下ろせば、みんなの行動を監視できるからだ。しばらくすると、人々はコヨーテの噂話にうんざりして、彼を空から降ろすことに決めた。コヨーテが腹を立てて片目を空高く放り投げると、それは天に刺さって、うしかい座の星アルクトゥルスになった。こうしてコヨーテは今も人々を監視し続けている。
　また別の物語によれば、コヨーテは火を世界にもたらした。彼は山頂で火を守っている三姉妹から火を盗み出した。森の生き物は協力して次々に火を受け渡し、とうとう森の木に火を宿すことができた。コヨーテは人々に枝をこすり合わせ

◉コヨーテを描いたアステカ人の伝統的な絵。

●ヨーロッパ人の入植者はコヨーテを「スペインの狐」、あるいは「ジャッカル」と呼んだ。アメリカ先住民はこの動物の行動に知性と適応力、そしてずる賢さを見出した。

て木から火を取り出す方法を教えたので、彼らは料理ができるようになり、二度と寒さに凍えることはなかった。

　民間伝承では、ワタリガラスは創造といたずらによって二重の役割を担っている。ある伝説によれば、ワタリガラスの糞が積もって山となり、大地を造った。また、ワタリガラスは二枚貝の中に最初の人間がいるのを見つけて、彼らを解放して世界に出してやった。

アメリカ先住民の諸部族は、ワタリガラスが人生の多数の宝物を手に入れる鍵を持っていると信じているが、彼らの行動は常に自己中心的な理由で行われるのを知っている。

　ある老人が世界中の光をすべて隠し持っていた。赤ん坊に変身したワタリガラスが老人の家に忍び込むと、遊び道具として星々の入った袋を与えられた。ワタリガラスは袋を持って家から飛び出した。鷲が袋を奪おうとすると、いくつかの光がこぼれ落ち、月と星々になった。

◉ユタ州で周囲の景色を観察するワタリガラス。アメリカ先住民の神話では、ワタリガラスはいたずら好きな性質で知られている。

アナンシ

ガーナ

アナンシ(アナンセ、またはクワク・アナンセとも呼ばれる)は蜘蛛の神で、人間やほかの動物に変身できるトリックスターだ。西アフリカの人々は、アナンシが世界の創造者だと信じている。また別の言い伝えではアナンシはアシャンティランドのアカン族の神ニャメを説得して、雨と夜を人々にもたらしたと言われる。

アナンシは人間の賢く有益な味方とされる場合もあるが、たいていは、ためらいもなく他人を利用するずる賢いトリックスターである。しかし、大規模な奴隷制が実施されていた時代には、自分より強く大きい生き物を悪知恵を駆使して出し抜くアナンシの物語が人々に愛された。

【 蜘蛛の物語 】

●世界に物語が存在しなかったので、アナンシは天空神ニャメのもとへ行き、ニャメが持つ貴重な物語の入った箱を人々のために持ち帰ろうとした。ニャメは、箱が欲しければ大蛇のオニニ、ヒョウのオセボ、スズメバチのムモボロ、目に見えない妖精のムモアティアを捕まえてくるように命じた。アナンシは策略を用いて、これらの生き物をすべて捕まえてニャメに届け、引き換えに物語を世界にもたらした。

●ガーナに生息するウデムシ(学名 *Damon medius*)。人々は古代から生息するこのクモ類の生き物を見て、アナンシを連想したのかもしれない。

◉木彫りに金箔を張った蜘蛛のアナンシのフィニアル（先端装飾）、1900年。

狐のルナール

ヨーロッパ

ヨーロッパの民間伝承にもっともよく登場する3種類の動物は、森に住む主要な肉食動物の狐、狼、熊である。ルナール（英語ではレイナード、ドイツ語ではライネケ、ラテン語ではレイナルドゥス、オランダ語ではライナールト）は北西ヨーロッパの物語に登場する狐のトリックスターだ。ルナールは悪知恵を使って自分より強い動物たちをやっつける。最大の敵はおじの狼イザングランだ。中世に書かれたルナールの物語は、ある意味で政治、宗教、貴族制度への風刺と考えられている。はじめてルナールが登場した作品は、1150年頃にベルギーのヘントの詩人ニヴァルドゥスによってラテン語で書かれた『イセングリムス』という詩である。知られている最初の物語は1170年頃にピエール・ド・サンクルーによって古フランス語で書かれ、タイトルは『ルナール物語』とつけられた。

◉狐のルナールが司教の冠をかぶって、ガチョウや鳥たちに説教をしている。フランス、1300〜1340年頃。

●『狼と狐狩り』、ルーベンス（1577～1640年）画。

●ルナールの宝物

動物たちはルナールのいたずらをライオンのノーブル王に訴え、王はこの狐を法廷に呼び出して取り調べることにした。王は熊のブランにルナールを連行させようとしたが、熊は狐にだまされて、ハチミツを取ろうとして木の穴に頭をつっこんで抜けなくなってしまう。そのあとブランは人間に攻撃されて耳を失う。次に王は猫のティベールを送ってルナールを裁判所に呼び出そうとするが、狐は自分を捕まえるはずの罠に猫を誘い込んだ。最後にアナグマのグランベールが王の法廷に狐を連れてくることに成功する。ルナールは、動物たちがよってたかって自分の秘密の宝物を盗もうとしていると王に訴えた。王は秘密の宝物がある場所に案内させるためにルナールを釈放するが、ルナールはまんまと逃げてしまった。

カラス
オーストラリア

オーストラリアのアボリジニは、環境の制御と保護のために植物や動物のトーテム——霊的な意味を持つシンボル——を民間伝承に取り入れている。特定の集団と関係づけられるトーテム動物は、彼らの霊的な血縁である。アボリジニはカラスと鷲が大いなる全体のふたつの対照的な面を象徴していると考えて、それぞれを「半族」（および祖先）とみなしている。カラスはトリックスターであり、鷲は厳粛な生き物だ。

ドリームタイム（上巻26～30頁参照）では、カラスは海を越えて死者の霊を運ぶ神聖で霊的な鳥として描かれている。カラスは火をもたらす者でもある。

ヤラ川沿いに住むカラトグルクと呼ばれる7人姉妹が、地面を掘る棒で石炭を持ち、その中にある火の秘密を守っていた。カラスは火を盗んで人々に届けようと考えて、姉妹をだます方法を思いつく。まず土でできた塚に蛇を埋め、そこを掘れば食べ物が出てくると姉妹に教えた。掘ってみると、蛇が怒って襲いかかってきたので、姉妹は掘り棒で蛇を追い払った。その拍

●オーストラリアのビクトリア州を流れるヤラ川。カラトグルク姉妹はこの川の岸辺で暮らし、カラスが大きな森林火災を起こすまで火の秘密を守っていた。

◉おうし座のプレアデス
星団。「セブンシスター
ズ(7人姉妹)」とも呼ば
れ、オーストラリアでは
カラトグルク姉妹だと伝
えられている。

子にいくつかの石炭が飛び散った。カラスはそれを集めて木のてっぺんに止まった。まもなく大勢の鳥たちが火の秘密を教えてくれとカラスを取り囲んだ。大騒ぎの最中にカラスが石炭を落とし、森が火事になった。カラスの白い羽毛は焦げて真っ黒になり、カラトグルク姉妹は空に流されてプレアデス星団になった。

◉ミナミワタリガラス（学名 Corvus coronoides）。アメリカ先住民の神話のワタリガラスと同様に、いたずら好きなこの鳥はトリックスターとみなされている。

ロビン・フッド
イギリス

ロビン・フッドはイギリスの民間伝承で語られる英雄的な反逆者で、弓の名手であり、豊かな者から盗んで貧しい者に分け与える義賊である。13世紀に実在した反逆者がモデルで、中世後期に大衆的な人気者になったという説もある。記録されている中で、ロビン・フッドが最初に登場する物語詩は14世紀のものだ。民間伝承では、敵が彼を陥れようとたくらむが、ロビン・フッドはそのたびに機転を利かせて窮地を脱する。

ロビン・フッドは「ゆかいな仲間たち」と呼ばれる一味と一緒にノッティンガムのシャーウッドの森に隠れ住んでいる。仲間には怪力の大男リトル・ジョンや、のちに物語に加えられたタック修道士、そしてロビンの恋人マリアンらがいる。ロビン・フッドはくすんだ緑色の服を着て、盗賊として法の支配を受けずに生き、森で貴族以外には禁止されている狩りをする。

ロビン・フッドの最大の敵はノッティンガムの腐敗した金持ちの保安官だ。彼はジョン王にも抵抗していた。正統な支配者リチャード獅子心王が十字軍に加わって聖地で戦っているあいだに、ジョン王が王位を簒奪したと考えていたからである。

伝説によれば、ロビンは幼い頃に貴族によって相続権をだまし取られて以来、貧しい人々を苦役から解放し、富をもっと公平に分けようと決意していた。富裕層を襲ったためにノッティンガムの保安官に目をつけられ、執拗に追われる。しかし、たいていロビンの忠実な仲間たちの働きで危機を脱した。あるとき保安官はロビンをおびき寄せようと、ノッティンガムで最高の弓の名手を決めて表彰するという触れ込みで弓の競技会を開いた。ロビンが必ず来ると予想

◉ノッティンガムの主要
な史跡であるノッティン
ガム城のロビン・フッド
像。

して保安官が待ち構える中、彼は変装して出場し、優勝した。保安官がその正体に気づいたときはすでに遅かった。部下にロビンの逮捕を命じたとき、彼はすでに森に逃れたあとだった。

●ロビン・フッドとゆかいな仲間たちが長弓を練習する光景を描いた古い彩色画。

レプラコーン

アイルランド

レプラコーンはアイルランドの民間伝承に伝わる妖精または小鬼で、たいてい緑色の上着と帽子を身に着け、髭を生やした小人として描かれる。彼らはいたずら好きで頭の回転が速く、なかなか捕まらないことで知られている。レプラコーンはアイルランドの守護聖人を記念するセント・パトリック・デーを象徴するシンボルになっている。知られている限り最古のレプラコーンに関する記述は、『フェルグス・マク・レティの冒険』という中世の物語である。

◉フェルグス・マク・レティの絵。いたずら好きなレプラコーンは、この伝説のアルスターの王に関する中世の物語に初めて登場する。

◉アイルランドの妖精レプラコーン。

アイルランドの民間伝承では、レプラコーンはひとりぼっちで地下に暮らし、靴を作ったり修理したりしている。彼らは音楽とダンスを愛し、一晩中起きて楽しんでいることが多い。それでいつも新しい靴が必要なのだろう。

　人間に捕まると、レプラコーンはあらゆる手を使って逃げようとする。自由の身にしてくれれば3つの願いをかなえるとさえ約束するが、決して相手の思惑どおりにはならない。たとえばある人が南の島の王様になりたいと願った。願いはかなえられたが、彼が支配することになった島は、実は無人島だったのだ。

　戦士たちは戦場に行く前に、大事なものを地面に埋めておく習慣があった。レプラコーンはそれを掘り出して自分のものにし、たくさんの富を蓄えた。彼らは黄金を入れた壺を虹のたもとの絶対見つからない場所に隠している。

狐

日本

狐は日本の民間伝承に出てくる超自然的な存在のうち、妖怪と呼ばれるグループに属している。狐は並外れた知性と魔力の持ち主だ。彼らはとても長生きで、100年生きると姿を変えたり、人間に変身したりできるようになる。狐は美女に化けることが多い。薄暗い夜明けや夕暮れにひとりでいる女性を見かけたら、狐が化けているのかもしれない。

狐には1000年ごとに新しい尻尾が生えてくる。年齢と知恵と力が増すにつれて、最高で9本まで尻尾を持つことができる。9本目の尻尾が生える頃には、狐の毛皮は金色か真っ白になる。九尾の狐を退治するには、すべての尻尾を切り落とすしかない。

　狐は主にふたつのタイプに分かれている。善狐または霊狐（「神聖な狐」の意）と呼ばれ、稲荷神（稲の神）と関係が深い狐と、野狐と呼ばれて人間にいたずらしたり、ときには悪事を働いたりする狐だ。

●猫の妖怪である猫又が、狐、あるいは狐の精霊に三味線を弾いて聞かせている。江戸時代（1603〜1868年）の化け物尽くし絵巻より。

きつね

◉19世紀に日本で作られた狐の面。

【大納言泰通と狐】

◉大納言泰通は広大な庭のある屋敷に住んでいた。狐が庭を走り回っていたずらするのにうんざりして、狐狩りに命じて弓で退治させようとした。狩りの前夜、ひとりの老人が泰通の夢に現れ、自分は長いあいだ家族と一緒にこの屋敷に住む者だと恭しく説明した。老人は子供や孫たちが迷惑をかけているのを詫び、彼らをおとなしくさせて、これから先ずっと泰通を敬うと約束した。泰通が夢から覚めると、夢の中の老人がいたのと同じミカンの木の下に毛の抜けた老狐がいた。泰通は狐狩りを取りやめ、狐は二度と騒ぎを起こさなかったという。

　狐は魔力を使って人間をだます。特に狙われるのは偉そうな態度の侍たちだ。狐は口から火を吐き、尻尾に火を灯して旅人を道に迷わせる。狐は人間の夢にも現れるし、幻を見せて人間を罠に誘いもする。狐がいたずらするのはたいてい男で、女は狐に憑かれる場合が多い。

イワンのばか

ロシア

イワンのばかは、ロシア民話によく登場するキャラクターである。農夫の息子のイワンは気が優しく愚直な若者で、頭より心で考えるたちだ。しかし、彼は健全な倫理観を持って生きている。兄たちはイワンより賢くて成功しているが、不親切で、しばしば思わぬ不幸に見舞われる。レオ・トルストイはイワンのばかのおとぎ話を『イワンのばかとふたりの兄』という短編にして、1886年に出版した。

◉イワンのばかの記念碑、トボリスク、ロシア。

●イワンのばかと火の鳥。イワンはさまざまに姿を変えてロシア民話に登場する。ある物語で
はイワンは皇帝の3人の息子の末子で、皇帝の黄金のリンゴを盗み出す犯人を捕まえるために
庭の見張りをさせられる。彼は父親に見せるために火の鳥の尾羽を1本抜いた。

イワンにはふたりの兄、軍人のセミョーンと商人のタラース、そして口のきけない妹のマラーニャがいる。父親は裕福な農夫だ。父親と一緒に畑仕事をするイワンは、あまり頭がよくない。セミョーンとタラースはどちらも結婚して、欲深い妻のために稼ぎを全部使ってしまったので、父親のところへ行ってイワンの土地を分けてほしいと言った。イワンは承知した。兄たちと土地を分けあえるのがうれしかったのだ。悪魔は彼らの兄弟愛と仲の良さが気に入らず、もめごとを起こしてやろうと小鬼を送り、三兄弟に呪いをかけた。ふたりの兄はすでに欲と虚栄のために堕落していたが、イワンは小鬼の策略にはまらなかった。愚直で優しい性格のおかげで、イワンは1匹の小鬼を捕まえる。小鬼がイワンの願いをかなえてやると言うと、イワンは魔法を教えてほしいと頼んだ。そしてこの新しい力を使ってセミョーンが軍隊で元の地位に戻れるようにし、タラースにはありあまる富を与えた。

叙事詩は長い物語詩で、技巧を凝らした語り口と伝統にのっとった物語が特徴だ。たいてい荘重な言葉が用いられ、しばしば美辞麗句が連なり、ドラマチックで華麗で、ときには大げさな修辞的技巧が駆使される。叙事詩にはたいてい偉業を成し遂げる歴史的な、あるいは伝説的な英雄が現れる。多くの場合、物語の舞台は世界に広がり、数々の大国や全世界をまたにかけた活躍が描かれる。超自然的なできごとが起きて、物語がリアリズムから逸脱する場合もある。叙事詩に歌われるのはひとつの国の国民に大きな重要性を持つできごとで、そのような叙事詩は多くの場合、長いあいだ読み継がれている。

叙事詩が語る神話

ベーオウルフ
スカンジナヴィア

無名の詩人によって書かれた『ベーオウルフ』は、現存するうちでもっとも長く、もっとも壮大なアングロ・サクソンの詩で、700～1000年のあいだに書かれたと考えられている。

『ベーオウルフ』は頭韻法を用いた3182行の詩で、古英語のウェストサクソン方言で書かれている。この叙事詩は英雄ベーオウルフとその戦いを青年期から老年期まで描いている。物語の舞台は6世紀のデンマークだ。

デンマークの神話では、およそ500年に一度、ハグと呼ばれる魔女が恐ろしい怪物グレンデルを生む。グレンデルは怪力で動きが素早く、人間の武器で傷つけることはできなかった。グレンデルの姿は人間に似ていて、背丈は3メートルを超え、全身が毛に覆われている。人間の母親から生まれたグレンデルは、聖書に出てくる弟殺しのカインの末裔である。

デンマーク王フロースガールはヘオロットの大きな館に住んでいた。王は豊かで、富と財産を家臣と分かち合っていた。彼らはごちそうを食べ、酒を飲み、音楽に興じてにぎやかに暮らしていた。隠れ家で宴のざわめきを聞いたグレンデルは、彼らの豊かさへのねたみと仲間外れの悔しさからヘオロットを襲った。王と家臣が眠っているあいだに、グレンデルは館を襲い、数名の家臣を殺した。

グレンデルは12年間、毎晩館を襲って家臣を殺し、混乱は増すばかりだった。イェータランド出身のベーオウルフという若い戦士がフロースガール王の災難を聞いて、ヘオロットを救うために船で訪れた。グレンデルは人間の武器では傷つかないため、ベーオウルフ

◉グレンデルの首をはねるベーオウルフ、M・I・エバット著、『イギリス人の英雄神話と伝説 (Hero-Myths and Legends of the British Race)』(ハラップ出版、1916年)の挿画。

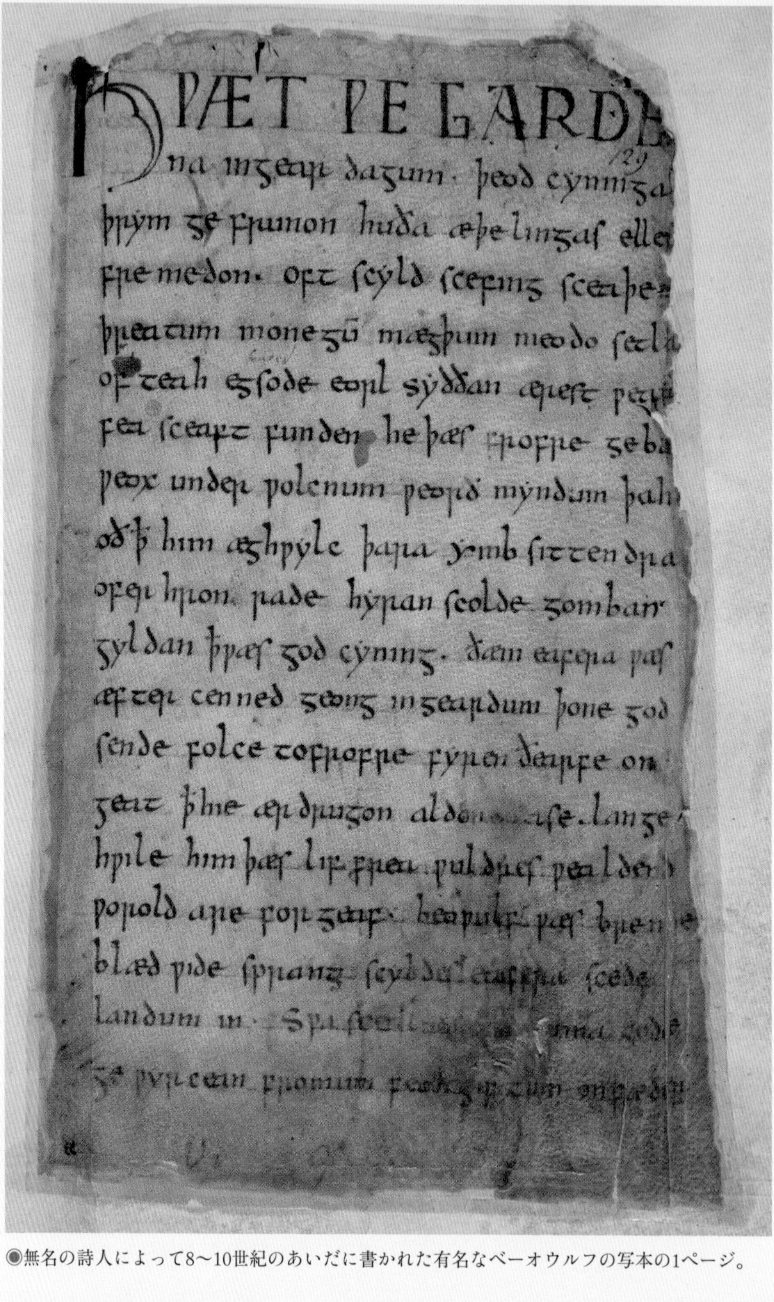

◉無名の詩人によって8～10世紀のあいだに書かれた有名なベーオウルフの写本の1ページ。

は素手で戦った。激しい戦いの末に、ベーオウルフは怪物の腕をもぎ取った。グレンデルは沼地の住みかに逃げ戻り、そこで死んだ。

　次の日、知らせを聞いた人々が館に詰めかけた。館は喜びに包まれ、フロースガール王は感謝のしるしとしてベーオウルフに贈り物をした。

　しかし、グレンデルの母親は息子が苦痛にもだえながら徐々に息絶えていくのを見て、復讐を誓った。次の夜、彼女はヘオロットを襲って、フロースガールの家臣をひとり殺した。

　翌日、ベーオウルフはこれを聞いて魔女の捜索に出かけ、沼の底近くで発見した。魔女は彼を住みかに誘いこみ、グレンデルの死体を見せた。死に物狂いの長い戦いのあと、ベーオウルフは魔女を倒し、戦利品としてグレンデルの頭部を抱えて水面に浮かび上がった。

　ヘオロットはふたたび歓喜に沸き、フロースガールはさらにたくさんの贈り物をベーオウルフに与えた。ベーオウルフが旅立つとき、フロースガールは失望のあまり涙をこぼした。ベーオウルフは英雄として故郷に帰還し、イェート人の王となって50年間統治した。

　ある日、ひとりの奴隷が宝物の山を守るドラゴンを発見し、黄金の杯を盗もうとする。ドラゴンは目覚めて泥棒を見つけ、イェート人の国を襲った。すでに70歳になっていたベーオウルフはドラゴンの前に立ちはだかった。彼はドラゴンを倒すことができたが、その前にドラゴンは彼の首に毒牙を突き刺していた。

　ベーオウルフはドラゴンの莫大な宝物を国民に残せたことに安堵しながら、傷がもとでまもなく息絶えた。イェート人は嘆き悲しみ、敬愛する王のために記念碑を建立した。この叙事詩はベーオウルフの勇敢さ、優しさ、寛大さを称えて幕を閉じる。

イリアスとオデュッセイア
ギリシア

ギリシア文学はホメロスの作品によって幕を開けた。壮大な叙事詩『イリアス』と『オデュッセイア』の執筆によって、ホメロスは世界史上もっとも影響力のある作家のひとりになった。ギリシアの歴史、神話、文学を融合したこの2作品は、これまでにもっとも広い範囲で読まれ、称賛された詩である。それらは私たちが手にする最古の真の文学作品であり、私たちが知る限り最大のギリシア神話に関する資料だ。

ホメロスは盲目だったと言われている以外に、彼について知られていることは今のところほとんどない。ホメロスが書いたとされる2作品は、複数の作家の作品の合成だという説もある。ホメロスが生きていた世界は前8世紀のギリシアだ。彼が生きているあいだに、ギリシアでは口頭伝承からギリシア文字の使用と物語執筆のはじまりという変化があった。この時代はギリシアの人口の中心地となる都市国家、すなわちポリスや、法による支配、公共施設の整備など、新しいアイデアが爆発的に生まれた時期でもある。ホメロスは西洋文明の実質的な生みの親であり、古代史に関する私たちの理解を現実に結びつけた。彼より前の時代には、ひとつの民族の歴史を記録するものは考古学的遺跡しかなかった。

　ホメロスの2大叙事詩は、ギリシア帝国の壮大で輝かしい歴史を称えるために、いくつかの時代の要素を融合させている。彼は文化的価値観のひな型を提供し、歴史の記憶を保存した。その作品は、ホメロスが生まれるずっと前の時代、口頭伝承を通じて受け継がれた物語以外に彼が何も知らない時代に関する物語である。
『イリアス』はトロイアの包囲と、アガメムノンとアキレウスの行

動、トロイアの王子パリスによるヘレネの略奪（上巻159頁参照）など
について語っている。

『オデュッセイア』はトロイア陥落後の物語で、英雄オデュッセウス
の苦難が描かれている。ホメロスのふたつの叙事詩は、虚栄、欲
望、誇り、不名誉など、人間の性質と感情をあますところなく表現
している。

◉ホメロスを描いた鉛筆画。

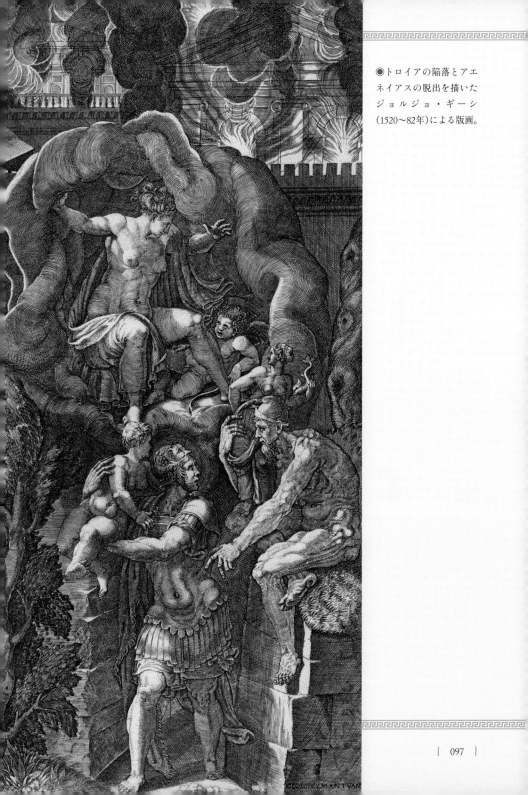

●トロイアの陥落とアエ
ネイアスの脱出を描いた
ジョルジョ・ギーシ
（1520～82年）による版画。

ギルガメシュ叙事詩

メソポタミア

『ギルガメシュ叙事詩』はシュメール語またはバビロニア語で書かれた詩で、前2150～1400年のあいだに書かれた。主人公のギルガメシュ王は古代メソポタミアの半神半人のウルクの王である。ギルガメシュは3分の1が人間で3分の2が神であり、ウルク王国を支配して、メソポタミアでどこよりも壮大な宮殿に住んでいた。彼は王国を守るために、ウルクを囲む巨大な城壁を築いた。

ギルガメシュは絶大な権力をふるって市民を弾圧したので、人々は天空神アヌに助けを求めた。彼らの願いを聞いて、アヌはギルガメシュをこらしめるためにエンキドゥという野人を造り、町で暴れさせた。エンキドゥは羊飼いの家畜を襲い、人々の食べ物を奪った。なんとかしてほしいと市民に訴えられて、ギルガメシュはシャムハトという神殿娼婦を送り、エンキドゥを手なずけようとした。

　懐柔されたエンキドゥがシャムハトとともに宮殿を訪れると、ギルガメシュは結婚式に出席していた。ギルガメシュが王として最初に花嫁と初夜を過ごす権利を主張していると聞いて、エンキドゥは腹を立て、ギルガメシュに決闘を挑む。エンキドゥが勝ったら、ギルガメシュは初夜権を放棄することになった。ギルガメシュは決闘に勝ったが、エンキドゥの願いを受け入れ、彼らは友人となって宮殿に帰った。

　数年後、彼らは無二の親友となる。ふたりはウルクから冒険の旅に出て、巨人のフンババを征伐するために杉の森に入った。ギルガメシュとエンキドゥは巨人を倒すが、ウルクに帰還したあと、エンキドゥは病に倒れて死んでしまう。

●捕らえたライオンを抱く英雄ギルガメシュ、ホルサバード（イラク）のサルゴン2世の宮殿から発見された石造りのレリーフ、727年頃。

エンキドゥの死後、ギルガメシュは不死の秘密を知りたいと願った。彼は古代から生き続けるひとりの男がその秘密を知っていると聞き、男を探し出すためにウルクを出た。長い旅の果てにギルガメシュは死の海にたどり着き、海を渡って古代人をたずねようとした。そこに2匹の石の怪物が現れて、行く手を阻んだ。ギルガメシュは2匹とも退治し、石のような体の破片をばらまいた。するとそこに老人が現れて、自分はギルガメシュを案内する渡し守だと告げる。老人が言うには、死の海に触れても体がばらばらにならないのは石の巨人だけなので、ギルガメシュが彼らを殺したのは大変なまちがいだった。

　渡し守はギルガメシュに300本の木を切り、100本の櫂を作るように言った。櫂は死の海の水に触れると融けてしまうからだ。櫂ができ上がると、ふたりは船出した。ある島にたどり着くと、そこに1軒の家があり、古代人が住んでいた。

　古代人はギルガメシュに6日と7晩眠らずに起きているという課題を出し、それができれば永遠の命を与えると言った。ギルガメシュは承知したが、すぐに眠り込んでしまう。目が覚めてから、彼は寝ていたことを否定したが、古代人はギルガメシュが寝ているあいだ、妻に1日1個ずつパンを焼かせて、全部で6個のパンを証拠として見せた。

　こうしてギルガメシュは不死を手に入れる機会を失った。古代人は若さを取り戻せる植物が海の底に生えているとギルガメシュに教えた。ギルガメシュは足に石を結びつけて海の中を歩き、その植物を摘んだ。植物を手にして水面に浮かび上がると、疲れ切った彼は浜辺で眠り込んでしまう。そこに蛇がやってきて植物を食べ、脱皮して若さを取り戻す。目覚めたギルガメシュは蛇が生まれ変わっているのに気づき、若返りの希望も失ったことを知る。

ウルクに戻ったギルガメシュは自分の壮大な宮殿を目にして、人間は永遠の命を手に入れるより、後世の人々に喜ばれる業績を残すべきだと悟った。

◉イラクのメソポタミアで発見された部分的に破損した『ギルガメシュ叙事詩』の第5の粘土書版。これは前2003〜1595年の古バビロニア時代に作られた。

トゥアサ・デ・ダナン
アイルランド

アイルランドに伝わるケルト神話では、トゥアサ・デ・ダナン（ダーナ神族、文字どおりの意味は「女神ダヌの一族」）は、女神ダヌが創始したアイルランドの神族である。ダヌの息子ダグザは、ダーナ神族の最強の指導者だ。

トゥアサ・デ・ダナンの叙事詩は、アイルランドの口頭伝承の最古の物語群である。これらの神話的なアイルランドの妖精と神々の物語は、12世紀に作られた『アイルランド来寇（らいこう）の書』に詳しく描写されている。

　トゥアサ・デ・ダナンはファリアス、ゴリアス、フィニアス、ムリアスという4つの都市からやって来た。彼らは各都市から4つの宝物を受け取っていた。それらは魔力のある魔除けの品々で、ダグザの大釜、ルーの槍、ファールの石、ヌアザの剣である。ダーナ神族は船でやって来たという説もあれば、雲に乗って空を飛んできたという説もある。アイルランドに来る前のトゥアサ・デ・ダナンについては、魔術に熟達していたということ以外、ほとんど知られていない。

【ハロウィン】
◉ハロウィンは、妖精（トゥアサ・デ・ダナンのような）が一晩歩きまわるというケルトのサウィン（「夏の終わり」の意）祭に起源がある。この時期に妖精に出くわすと、さらわれて地下の住みかに連れていかれると恐れられ、妖精をなだめるために贈り物をする必要があった。現在ではハロウィンの日に子供たちが魔女や悪魔に仮装して近所の家を訪問し、おやつをくれなければ魔法をかける「いたずらする」と言って脅かすのが習わしになっている。

●ダグザはダーナ神族の主神のひとりで、最強の指導者である。現在でもアイルランドではダグザを祭る儀式が行われている。写真のふたりはダグザの信奉者で、ダブリンのセント・パトリックス・デーのパレードの準備をしている。

　アイルランドに到来したあと、トゥアサ・デ・ダナンは3つの戦いを経験する。最初は第一次マグ・トゥレドの戦いで、先住民のフィルヴォルグ族を破った。続いて第二次マグ・トゥレドの戦いでフォヴォリ族と呼ばれる海の怪物の種族を打ち負かした。

　第三の戦いで、トゥアサ・デ・ダナンはスペインからミレシウス王に率いられて来たミレー族に敗れ、地下世界に移った。地下の彼らの住居はシーと呼ばれ、トゥアサ・デ・ダナンはエイ・シー（「シーの人々」）の名前でも知られるようになった。彼らはときどき戦争中の人間たちを助けるために地上に戻り、常に正しく公正な側に味方した。現在では、これらの神々はケルトの神々から妖精へと性質を変えている。

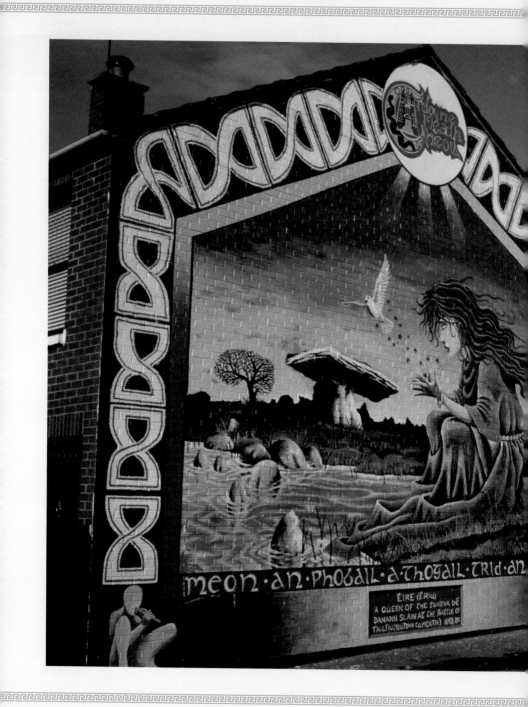

meon · an · phobail · a · Thogail · Trid · an

EIRE (ÉRIU)
A QUEEN OF THE TUATHA DÉ
DANANN SLAIN AT THE BATTLE OF
TAILTIU (TELTOWN CO.MEATH) 1698 BC

◉ティルテュ・ベル・フェルシタの戦いで殺されたトゥアサ・デ・ダナンの女王の壁画、アルドイン、ベルファスト。

マビノギオン

イギリス

『マビノギオン』は中世ウェールズの物語集で、ウェールズの散文物語の黄金時代を象徴している。物語の舞台はブリテン諸島の神話的過去と英雄時代だ。この物語集は魔術師マーリンやアーサー王などの時代を超えた登場人物を生み出し、広範囲に影響を与え続けてきた。

マビノギオンという言葉の意味について、研究者のあいだでは意見が分かれている。一説によれば、「少年」を意味するウェールズ語のマビノギ(mabinogi)の複数形とされている。また別の説では、「吟遊詩人の栄誉を熱望する人」を意味するウェールズ語のマビノグ(maginog)の派生語だと言われる。マビノギオンの物語はふたつの写本、『ルゼルフの白本』(1300～1325年頃)と『ヘルゲストの赤本』(1375～1425年頃)に収められた物語から収集された。

　この物語集には11の物語が収録されている。『マビノギ四枝』と呼ばれる最初の4つの物語は、それぞれプイス、ブランウェン、マナウィダン、マースという人物の物語だ。4つの物語の関連性は今となっては不明だが、グウリ王子(のちにプレデリと呼ばれる)というキャラクターが共有して登場する。物語のテーマは、忠誠、愛、結婚、貞節、近親相姦などだ。物語は魔法の馬や巨人のいる神話的な土地を舞台に展開していく。

『マビノギオン』に収められている話のひとつで、1100年より前に作られた『キルッフとオルウェンの物語』は、初期のアーサー王伝説の一例である。1175年以前に書かれた『ロナブイの夢』には、アーサー王にまつわるウェールズの伝承が語られている。『マクセン・ウレディクの夢』は、西ローマ帝国皇帝マクシムスの伝説を基にし

た物語だ。『マビノギオン』の最後には、『ゲレイント』、『泉の貴婦人』、『ペレディル』の3つのアーサー王ロマンスが収録されている。最初のふたつはおそらくフランス語で書かれた物語を共通の原典とし、最後のひとつは膨大な聖杯伝説に基づいている。そのほかの物語、『マビノギ四枝』、『キルッフとオルウェン』、そして3つのアーサー王ロマンスは、アーサー王伝説の研究に計り知れない重要性を

◉『マビノギオン物語』と題する木の彫刻、クムカーン・フォレスト・ドライブ、サウスウェールズ・バレー。

●ウェールズの神話集『マビノギオン』に収録された11の物語のひとつ。

持っている。

　これらの物語は19世紀半ばにシャーロット・ゲストによって『ヘルゲストの赤本』を原典として翻訳され、『マビノギオン』というタイトルで出版されて、はじめて一般の文学的注目を浴びることとなった。のちに『ルゼルフの白本』が発見され、ゲストの本に収録された物語のもっと古くてすぐれたバージョンが見つかった。1929年にT・P・エリスとJ・ロイドが赤本と白本の両方に収録された物語を統合し、それに基づいた翻訳作品を出版した。

　これらの作品で用いられている文字の綴りは、使用された原典によって大きな違いがある。

ポポル・ヴフ
メソアメリカ

『ポポル・ヴフ』は、現在のグアテマラと呼ばれる地域に住むキチェ・マヤ族の人々による創世神話である。『ポポル・ヴフ』によれば、人間は創造主を称えるために造られた。物語の中心となるキャラクターは双子の英雄フナフプとイシュバランケで、彼らは怪物を倒して冥界に降り、冥界の支配者を倒して、のちに太陽と月になった。

世界はメソアメリカ文化における主要作物のトウモロコシ（ここでは農業の比喩である）を使って造られたとされる。最初に造られた人間は不完全だったので、神のフラカンは洪水を起こしてすべてを破壊した。このあとヴクブ・カキシュ（「7のコンゴウインコ」の意）という名のペテン師が主神になり替わろうとして、双子の英雄に倒される。『ポポル・ヴフ』では、魔術を使う神グクマッツとテペウが洪水のあとに残された泥と粘土を使って人間を作るが、その後もう一度トウモロコシを使って造りなおさなければならなかったわけが語られる。
　この物語は天地創造の時代から16世紀のスペイン人による征服までの長い歴史を語っている。1562年7月12日にスペイン人司祭のディエゴ・デ・ランダがマヤ語で書かれた書物をすべて集めて燃やした。しかし、彼にはキチェ地方の管轄権がなかったため、『ポポル・ヴフ』は焼却をまぬがれた。『ポポル・ヴフ』はマヤ文化の信仰や伝統がキリスト教徒の征服者によって弾圧されていた1554〜1558年に書かれたと推定されている。著者は知られていないが、おそらく古い文献や口頭伝承に基づいて書かれたと考えられている。
　本来は一編の長い詩だが、ヨーロッパの言語に翻訳されたとき、4部に分けられた。

●1701年に作られた現存
する最古の『ポポル・ヴ
フ』の写本。

　第1巻：神々が無から全世界と人間を除くあらゆる生き物を造っ
た。神々は自分たちを崇拝するものが必要だと考え、人間も作ろう
と試みた。しかしできあがった人間には心がなく、創造主を覚えて
いられなかった。神々は大洪水を起こしてすべてを洗い流し、自分
たちの栄光を自分で称えるしかなかった。

　第2巻：神のヴクブ・カキシュは傲慢だったので、双子の英雄フ
ナフプとイシュバランケが彼を退治しに行く。ヴクブ・カキシュは
ほかの神々の業績を認めようとせず、双子の英雄が彼とその息子た
ちを殺すと、世界の均衡が戻ってくる。

第3巻：双子の英雄の歴史と家系が語られる。地上で数々の冒険をしたあと、彼らは冥界を支配するために地下に降り、球技で冥界の神を負かす。最後に双子は世界樹を上って天空に到達し、そこで太陽と月になる。

第4巻：人間はふたたびトウモロコシから創造され、今回はうまくいった。神々は人間たちに妻を与え、作物の育て方を教え、その結果に満足した。この本はキチェ族の移住と彼らの系図について語って終わる。

●キチェ州（グアテマラ）ネバジで作成されたマヤ人の粘土製の骨壺。立っている男性の像がデザインされている。

◉グアテマラのバハ・ベラパスにて、大空の下に広がるトウモロコシ畑。『ポポル・ヴフ』では、世界の創造は農耕の観点から語られ、創造の基本的な材料としてトウモロコシが使われている。

神話の世界には死を入念に描いた場面が
ある。それらの物語には、死後に何が起きるの
かについての複雑な概念が含まれている。
死は突然で不可逆的なものなので、死を理
解するための心理的、哲学的な枠組みが求
められるのは当然のことであり、そこに「死後の
生」という概念が根を下ろす余地があった。
あらゆる宗教が、この世を離れたあとに私たち
がどうなるのかを説明しようとしている。それらの
神話のいくつかは不朽の生命を保持してい
るが、今日でさえ、私たちは死と意識という普
遍的な現象に対する明確な答えにまったくた
どり着けていない。

死と死後の世界

天国と地獄
世界の神話

世界のあらゆる神話の中心に、世俗的な経験を超えた超自然的な領域の存在を信じる気持ちがある。ほとんどの神話で、宇宙は神々の領域（多くの場合天国と呼ばれる）、大地（人間が住む場所）、冥界（多くの場合地獄と呼ばれる）の三層に分けられている。

ギリシア神話やメソポタミア神話などの多くの古い伝承では、この3層は混沌（カオス）、すなわち原初の状態の宇宙から生まれ、神々自身によって形作られる。キリスト教では、天国、地獄、あるいは煉獄の本質的性質は、実際の場所というよりも、霊（天使または悪魔）がどの段階にあるかを示している。比喩的に言えば、天国は神が住まう場所であり、神を受け入れた人々は、死ぬと神のもとへ行き、神との完全な交わりを成就する。

　神を信じる者は天の父によって特別に愛され、天使の住む天国の住民になるためにキリストとともに天に召される。キリスト教徒は、完全な安息を見出し、悲しみと苦痛が永遠に消滅する場所として天国に召されるときを心待ちにしている。キリスト教の信仰には生まれ変わりの概念が存在しない。

　神を拒否した人間は、神との喜ばしい交わりから自分自身を引き離し、死ぬと地獄へ落ちる。

　地獄は罪そのものの究極の結果であって、神によってではなく、信仰の欠如のために自分自身によって課される罰である。地獄は永遠に続く刑罰の状態であり、一般的に燃え盛る火の穴と表現され、そこに悪魔が住んでいるとされる。聖書では、キリストは地獄をゲヘナ、すなわちエルサレムの外にあるごみ捨て場にたとえている。

◉『天国と地獄の寓意』、スペインの画家クラウディオ・コエーリョ画（1624〜93年）。

◎三連祭壇画『地上の虚栄心と神の救い』の地獄を描いた右パネル。ハンス・メムリンク画、1485年頃。

サタンはまず天国に天使として現れたが、神に謀反を企てたあと、地獄に落とされた。それ以来サタンは悪と誘惑の根源となり、悪魔の序列の最上位に位置している。十字架にはりつけにされてから3日後、キリストは死者の魂を救うために地獄に降りる。

　聖人でも罪人でもなく、その中間（神を受け入れているが、まだ不完全な状態）にいる人々は、天国への旅路の前に「煉獄」と呼ばれる浄化の期間を必要とする。神のもとへ向かう人々は完全でなければならず、いまだにその完全さを手に入れていない人々は、自身を清める必要がある。煉獄もまた、場所というよりは存在の状態である。

　古代ギリシア神話にはふたつの冥界がある。ひとつはハデスで、同名の神によって支配されている。もうひとつはハデスのさらに下にあるタルタロスで、キリスト教における地獄の概念と同じものである。

ヴァルハラ

スカンジナヴィア

ヴァルハラをはじめ、北欧神話に関する私たちの知識のほとんどは、13世紀に書かれた『散文のエッダ』に基づいている。これは口頭伝承で広まっていた物語を基に、アイスランドの歴史家、政治家、詩人のスノッリ・ストルルソンが編纂した作品である。

北欧神話では、ヴァルハラはアースガルズにある巨大な館で、アース神族だけでなく、もっとも勇猛果敢な北欧の戦士が居住する場所である。オーディンはヴァルハラを支配し、戦場で死んだ戦士の中から死後にヴァルキュリアによってヴァルハラに導かれる者を選ぶ。死んだ戦士は、ヴァルハラ到着後に武器と財産をふたたび手にできるように、それらと一緒に火葬された。あまり武勲を上げられなかった戦士は、女神フレイヤの住まいであるフォルクヴァングルに行く。

ヴァルハラに住む戦士たちはエインヘリヤルと呼ばれる。彼らは道徳的美徳ではなく、強さと勇気によって選ばれる。戦士にとって、ヴァルハラに召されることは数々の戦闘に勝って英雄的な死を遂げた証であり、最大の名誉だった。したがって、ヴァイキングは選ばれた人間のひとりになるために、戦う価値のある敵を求めた。

ヴァルハラは神々の住まいだが、神々の住まいはここだけではなかった。アース神族はアースガルズ全体に広がって暮らし、もうひとつの神族であるヴァン神族はヴァナヘイムに住んでいる。ヴァルハラは壮麗な館で、天井は黄金の盾で、枠組は槍でできている。この館は狼と鷲に守られている。

選ばれてヴァルハラで暮らす戦士たちは、オーディンとともにラ

グナロクの戦いに備え、そのときがくれば巨大な狼フェンリルとの戦いに加わる（下巻48〜51頁参照）。ヴァルハラの役割は、戦いに備えるための軍事訓練場である。

VER MEINES SPEERES SPITZE FURCHTET DURCHSCHREITE DAS FEUER NIE

◉炎を呼び出すオーディン、フランツ・スタッセン画、1914年頃。

◉ゴットランド島で発見
された石に刻まれたヴァ
ルハラの伝説の一部分、
9世紀。

オルペウスとエウリュディケ
ギリシア

オルペウスとエウリュディケの古い伝説は、オルペウスと、オークの木の精霊で、おそらくアポロンの娘でもあるエウリュディケの悲劇的な愛の物語だ。オイアグロス（アポロンとも言われる）とムーサのひとりであるカリオペの息子オルペウスは、オリュンポス山周辺の地域に住むトラキア人である。彼は歌い手、音楽家、詩人で、竪琴を弾いた。7弦の竪琴キタラを発明したのもオルペウスだ。

オルペウスとエウリュディケは結婚した。ある日、エウリュディケは崇拝者に追われて川沿いを逃げているうちに、蛇を踏み、噛まれて死んでしまう。

　オルペウスは慰めようもないほど悲しみ、妻を取り戻すために冥界へ行く。冥界に着くと、冥界を守る怪物に歌を聞かせて魅了した。こうしてオルペウスが愛の証を見せたので、冥界の神ハデスはエウリュディケを連れて帰ることを許したが、ひとつ条件を出した。エウリュディケはオルペウスの後を歩いて地上に戻り、冥界を出るまでオルペウスは決して振り返って妻を見てはならない。さもないと妻とは二度と会えないという約束である。

　あと少しで太陽の下に出られそうになったとき、オルペウスの心に疑いが芽生える。エウリュディケが本当についてきているか不安になって、振り返って確かめようとしたのである。エウリュディケは息絶え、オルペウスはもう妻を救うことはできなかった。オルペウスに対して冥界の門は永遠に閉ざされ、彼は打ちひしがれて人間界に戻った。

　その後、オルペウスは女性を寄せつけず、若い男性を周りに集め

Venetiis Donati Rascicotti forms

◉ハデスの炎から愛する妻を助け出そうとするオルペウス、イタリアの画家アゴスティーノ・カラッチによる版画。

◉左手に竪琴を持ったオ
ルペウスの古い像。

て、そのひとりであるカライスを恋人にした。オルペウスは同性愛を「考案した」かどで女たちに殺され、体を八つ裂きにされた。オルペウスの殺害後、トラキアに疫病が流行し、人々は神託にしたがって切断されたオルペウスの頭部を探した。メレス川の河口で発見されたオルペウスの首は血まみれで、まだ歌い続けていたという。

オルペウスの首は神託を告げる者となり、助言を求める人間と超自然的な領域を結びつけた。オルペウスの魂は死後の楽園であるエリュシオンの野に招かれ、そこで白衣に身を包み、神に祝福された人々のために歌い続けている。

イザナギの黄泉下り
日本

日本の神話では、原初の大地は水に浮かぶ脂のようなものだった。どろどろとした水の中から葦のようなものが芽吹いて、それらが神々になった。7代目に生まれた男女一対の神がイザナギ(「招く男」)とイザナミ(「招く女」)で、このふたりの神々は大地を創造する仕事を任された。

◉イザナギとイザナミを描いた掛け軸、18世紀、日本。

イザナギが矛を水に差し込んでかきまぜたあと、矛を引き上げると、滴が落ちて島ができた。ふたりの神はその島に降りた。結婚の儀式でイザナミが先に話したため（上巻31〜32頁参照）、はじめはうまくいかなかったが、儀式をやり直したあと、イザナミはたくさんの子供を生む。この子供たちが日本の主要な8島と6つの小さな島、そ

◉注連縄で結ばれた夫婦岩と呼ばれるふたつの岩は、イザナギとイザナミの結びつきを象徴している。

してこれらの島々に住む神々になった。

　火の神カグツチを生んだときに、イザナミはひどいやけどを負い、それがもとで死んでしまう。イザナギが妻を思って流した涙から、新たな神が生まれた。イザナギは妻の死を招いたカグツチの首をはねた。イザナギは妻を恋しく思い、黄泉の国に行って妻を取り

戻そうと決心する。

　黄泉の国の闇の中で、イザナギは自分と一緒に生者の国へ帰ろうとイザナミに呼びかけた。イザナミは冥府の食べ物をすでに食べてしまったので、もう手遅れだと答えた。しかし黄泉の国の神々に地上に帰る許可をもらってくるので、自分が戻るまで決して姿を見ないでほしいと言った。

　しかしイザナギは待ち切れず、妻を探しに行った。そこで見たのは、かつて美しかった妻の腐敗しかけた亡骸だった。イザナギは黄泉の国から逃げ出すが、姿を見られたイザナミは恥をかかされたことに憤り、自分の体から生まれた8人の雷神にイザナギを追わせた。

　イザナギは黄泉の国からなんとか逃れ出たが、死者の世界に触れたせいで穢れ(けが)を感じ、身を清めるために筑紫島へ行く。

　着ているものを次々に脱ぎ捨てると、そこから神々が生まれた。最後に左目から太陽神アマテラスが、右目から月の神ツクヨミが、鼻からスサノオが生まれた。

　イザナギはアマテラスに高天原を、ツクヨミに夜を、そしてスサノオに海原を治めるように命じる。アマテラスとツクヨミは父の命令にしたがうが、スサノオは姉のアマテラスに別れを告げてから黄泉の国に降り、そこで母親と一緒に暮らしたいと言った。彼はアマテラスに別れの挨拶をするために天に昇るが、そこで乱暴を働いて混乱と暗闇を生じさせ、ついに高天原から追放される。スサノオは黄泉の国で母親のイザナミと暮らすのをあきらめ、妻とともに出雲の須賀にとどまった。

天の宮廷

中国

中国の神話では、神々の生活は多くの点で地上の生活にそっくりだ。中国の皇帝が国を統治するために壮大な官僚機構を持つように、天では「統治者」玉皇大帝のもと、神々が同じように組織されている。

天の宮廷、すなわち天の官僚機構は、玉皇大帝の統治を助けるためにいくつかの部門に分かれている。神々は天と地のあいだの連絡係を務め、玉皇大帝自身が地上の皇帝以外の人間と話すことはない。

　中国神話の神々は、厳格な序列と明確な職務を持つ官僚だ。彼ら

◉中国の北京にある紫禁城は1406〜1420年にかけて建設された。ここは政府の中心であり、およそ1000棟の建物が集まっている。中世の中国の複雑な官僚機構を考えると、天の宮廷の神話が中国の文化と政治に深い影響を与えているのは明らかだ。

◉道教の神話によれば、玉皇大帝は人間界と地獄も含めて、天とその下にある万物の領域の支配者である。

が毎月書く報告書は1年ごとに玉皇大帝に届けられ、大帝は神々の
仕事ぶりにしたがって彼らを昇格させたり降格させたりする。地上
の官僚の書いた書類が皇帝に提出されるのと同じだ。

　中国神話独特の特徴は、神々が不変の存在ではないことだ。中国
の神々の大半は、もとは神ではなく、死後に神格化された人間だか
らである。

　神々はそれぞれ住居を持ち、天はいくつかの階層（神話のバージョ
ンによって9～33階層まである）に分かれている。最高位の役職につい
ている神々は、一番高い階層に住んでいる。

　玉皇大帝（高上玉皇上帝や天公とも呼ばれる）は最高神で、粘土から人
間を造り、それを太陽の下で乾かした。すると雨が降り出したの
で、大帝は粘土の像をしまったが、いくつかは間に合わずに濡れて
しまった。雨で損なわれた像は、地上で病に苦しむ人々になった。

　玉皇大帝は地上の皇帝が住んでいるのとそっくりな宮殿に住んで
いる。

　玉皇大帝は最高神とみなされているが、実際には最高神格の3柱
の神々の中では2番目に位置している。最高位は元始天尊、その次
が玉皇大帝、第3位が玉皇大帝の後継者となる金闕玉晨天尊である。

　玉皇大帝は、常に地上の皇帝が着るような龍が刺繍された中国風
の正装を着た姿で描かれる。

死者の国トゥオネラ

フィンランド

フィンランドの神話では、トゥオネラ（またはマナラ）は死者の国だ。フィンランド神話には、罰を受ける場所としての死後の世界という考え方は存在しない。キリスト教以前には、そして世界の多数の神話体系では、死後に人間が善と悪に分けられるという発想はなかった。すべての人々の行きつく先は同じだと考えられていた。

トゥオネラは死の神トゥオニとその配偶神トゥオネタルによって統治されている。エリアス・リョンロットがフィンランドの口頭伝承と神話に基づいて編纂した19世紀の叙事詩『カレワラ』によれば、この死者の王国は、太陽が照り、森が茂っているとしても、ほかのどの土地よりも暗い。

◉トゥオネラの黒い川と死者の魂を画家が想像して描いた図。

◉『カレワラ』の英雄の
ひとり、レンミンカイネ
ンの母親が、殺された息
子の亡骸に寄り添ってい
る。このとき1匹の蜂が
天空神ウッコの宮殿から
運んできた1滴のハチミ
ツによって、戦士レンミ
ンカイネンは息を吹き返す。

　死と死後の世界

トゥオネラははるか北、危険な黒い川の向こうにある。トゥオニの侍女が川を渡って死者を連れてくると、彼らはそこで幽霊になる。『カレワラ』の英雄のひとりであるレンミンカイネンは、乙女に求婚するためにトゥオネラの黒鳥を射ようとする。しかし失敗して川で溺れ死んでしまい、トゥオニの息子に体をばらばらにされてしまった。

　トゥオネラに出かけて無事に戻ってこられた人間は、ヴァイナミョイネンだけだ。ヴァイナミョイネンは船を完成させるために必要な護符を探しに出かけた。彼は首尾よく川を渡ったが、戻ろうとしたとき、川に網を張ったトゥオネタルに捕らわれてしまう。しかし彼は蛇に姿を変えて網をすり抜け、川を渡って逃げおおせた。

　トゥオニとトゥオネタルにはたくさんの娘がいた。彼女たちは苦しみをつかさどる女神で、キプティット（病気の女神）や、風の神と交わって9匹の怪物を生んだロヴィアタールなどがいる。死の具現化であるカルマ（「屍のにおい」の意）は、墓地を統治している。スルマという怪物がカルマの住居の入り口で番をしている。

　これらの恐ろしい神々はいるが、トゥオネラでの死後の生は地上の生活とあまり変わらない。太陽も月もあり、森があって動物たちがいる。昔からフィンランドには、死者がトゥオネラに旅するとき、そしてトゥオネラに着いたときに役立つ道具、たとえば武器や雪靴、食べ物などと一緒に故人を埋葬する習慣があった。

この世にとどまる霊と幽霊

アフリカ

バントゥー系民族は中央アフリカから南アフリカにかけて居住し、バントゥー諸語を話す最大600の民族グループの総称である。したがって「バントゥー神話」とは、バントゥー系民族の諸文化の大半に繰り返し登場するテーマを指している。バントゥー系民族の宗教と神話の中心は死者への崇拝である。部族によって、ときには同じ部族内の個人によってさえ、信仰は異なっているかもしれない。しかし、死は完全な終わりではなく、体は死んでも幽霊は生き続け、生者の生活に影響を与えられるという思想は共通している。亡くなった者の霊は今もそばにいると信じられ、崇められている。世を去った者の霊に供え物をするのはバントゥー系民族の習慣になっている。

幽霊は夢、気配、前兆、霊媒、予言者を通じて生者と交信できる。幽霊は自分たちを見捨てた家族や部族に災いをもたらし、表ざたになっていない罪に裁きを下し、困っている人々を助けることができる。

　幽霊は永遠に生きられるわけではなく、家族や部族の人々が故人を覚えているあいだしかこの世にとどまることができない。親や祖父母は追悼され、生贄が捧げられるが、もっと前の世代は供え物の分け前を競い合い、今にも消えそうな存在をなんとか保っている。名のある首長や英雄などを除けば、幽霊の大半はおよそ3世代後には支えを失って消えてしまう。

　生まれ変わりを信じ、一族に子供がいるあいだは幽霊の命が受け継がれると信じている部族もいる。つまり家系が途絶えない限り、幽霊は死なないのである。

　死者の霊に助言を求めることもできる。たとえばヤオ族のひとり

Afrique.

Funérailles Cafres.

◉バントゥー系民族の葬式を描いた版画、1811年。

が長旅に出ようと考えたとき、彼は首長を訪ねる。首長はひと握りの穀物の粉を地面に落として小さな円錐形の山を作り、そこに壺をかぶせておく。翌日、粉の山が崩れていなければ、それはいい前兆であり、安心して旅に出ることができる。しかし山が崩れていたら、旅に出てはいけないという霊のお告げとみなされる。

　死者は動物の姿、たいてい蛇かトカゲ、特にカメレオンになって戻って来ることができるという信仰も共通している。ニアサ湖のアトンガ族は、死ぬ前にある薬を飲めば、どの動物になるかを選べると信じている。

　幽霊は地下の死者の国に消える前に、墓地か以前住んでいた家の周囲にいると一般に信じられている。幽霊の国は洞窟か、地面の穴を通ってたどり着ける。よく知られる民話に、ヤマアラシなどの動物を追って巣穴に入った人間が、誤って死者の国に行くという話がある。この物語がバントゥー系民族のあいだで知れ渡っているところを見ると、これはバントゥー諸語が話されるあらゆる地域で生まれた話のようだ。

　人が死ぬか、旱魃や洪水のような自然災害が起きたときは、霊の怒りが原因だと言われる。

●バントゥー神話には、カメレオンなどの爬虫類の姿になって死からよみがえった人々の話が数多く語られている。

ステュクス川と冥界

ギリシア

ギリシア神話では、地上と冥界（ハデス）の境界をなす川はステュクス川と呼ばれる。ステュクス川は冥界を取り巻いて流れている。ステュクスとは「憎悪」、「嫌悪」を意味する言葉だ。

冥界には死者が住むいくつかの領域がある。善良な人間の魂はエリュシオンに送られる。普通の人々はアスポデロスの野に行き、そこで労働にいそしむ。罪深い人生を送った者は、タルタロスに落とされる。ステュクス川はこれらの場所を結び、死者と生者の世界を隔てている。

古代ギリシア神話では、ヘルメスが死者を渡し場まで案内し、渡し守のカロンが死者を船に乗せてステュクス川を渡る。そのため、古代ギリシアでは渡し賃を支払うために、死者の舌の下に1枚の硬貨を忍ばせて埋葬する習わしがあった。

死者が硬貨（「ダナケ」または「カロンのオボル」と呼ばれる）を持っていなければ、彼らはステュクス川の岸に取り残され、100年のあいだ行き場のない霊として川岸を行ったり来たりすることになる。渡し賃を持っていない死者の中には川を泳いで渡ろうとする者もいるが、成

◉『イリュストラシオン・ジュルナル・ユニヴェルセル』で発表されたカロンの渡し船の絵、オーギュスト・フェイアン＝ペラン画、パリ、1857年。

功した例はほとんどない。

　3つの頭を持つケルベロスという怪物のような番犬が冥界を守っ
ている。冥界に着いた死者の魂を真っ先に出迎えるのが、この巨大
な怪物の姿だ。神々は宣誓するとき、ステュクス川にかけて誓いを
たてるが、その誓いを最後まで守れなければ9年間声を失い、さら
に9年間神々の評議会から追放される。

　プシュケはウェヌスから美しさをねたまれて無理難題を押しつけ
られ、最後に冥界へ降りてステュクス川の水を汲んでくるように命
じられた。

◉岩に腰かけるヘルメスのブロンズ像。

輪廻転生と来世

世界の神話

生まれ変わり、または輪廻転生は、存在が周期的に繰り返されるという哲学的な、または宗教的な概念である。それは死後に新しい肉体、すなわち新しい姿に生まれ変わると信じること、あるいは魂が別の生き物に転移すると信じることだ。生まれ変わりの思想は、前700年頃に作られた古代インドの文献にはじめて現れる。輪廻転生の信仰は、古代ギリシア、古代エジプト、オーストラリアのアボリジニなど、さまざまな文化と民族に共通している。英雄やそのほかの登場人物が亡くなり、別の人間や動物、植物としてよみがえる物語は数多くの神話に見られる。

輪廻転生はインドのすべての主要な宗教における中心的教義だ。ヒンドゥー教、仏教、シーク教、ジャイナ教は、サムサラ（果てしない連鎖）とカルマ（数回の過去世でその人が積み重ねた行為の総和）の教えを共有している。本質的に、ひとりの人間の輪廻転生は、その人が現世でどのように生きたかによって決まる。道徳的な良い人生を送れば、高い階級に生まれ変われる。非道徳的で悪い人生を送った人は、低い階級か、ときには動物に生まれ変わる。

　ヒンドゥー教徒は7を聖なる数字と信じ、信仰にかかわるあらゆるものをこの数字に関連づけている。すべての人は新しい肉体に生まれ変わるチャンスを7回与えられている。そしてこの肉体において良い行いをするチャンスを7回与えられる。それを実行できれば、7度の人生を終えたあと、天国への旅を達成できる。実行できなければ、生と死と生まれ変わりのサイクルからいつまでも脱け出すことができない。

　オーストラリアのアボリジニは、人間の魂はドリームタイムのあ

●ギリシアからローマに
信者が到着したときに蛇
に転生したアスクレピオ
ス、前293年。

第九年都市王

第二七日初江王

第八百日平正王

第三七日宋帝王

第六七日變成王

南无道明和尚

南无金毛師子

第五七日閻羅王

王判

泉判

王判

◉地蔵菩薩と六道輪廻を絹布に描いた中国の仏教絵画、983年。地蔵菩薩は弥勒菩薩が出現す
るまで、6種の世界に輪廻転生するすべての人々を救う責任を負うと誓ったとされる。

いだに霊的な旅をした祖先が残した霊から生じると信じている。子供が誕生するのは、祖先の霊が女の体に入るからだ。人が死ぬと、その人の霊は祖先の霊力のもとへ帰っていく。

アフリカの多数の信仰では、死者の魂は墓か昔住んでいた家のそばにとどまり、人間か動物の新しい肉体に宿るのを待っている。アフリカには祖先は子孫、または部族に関連づけられた動物に生まれ変わるという言い伝えがある。ヨルバ族は、赤ん坊は祖先の生まれ変わりだと信じて、男の子には「父が戻って来た」という意味の名前を、女の子には「母が戻って来た」という意味の名前をつける。

古代エジプトでは、魂はふたたび人間になる前に、哺乳類、海の生き物、鳥など、さまざまな種を経る可能性があると考えられている。この一連のサイクルが完了するには3000年かかるかもしれない。

北欧神話では、古代の王は主神のひとりであるフレイの生まれ変わりとみなされている。

古代ギリシアの哲学者でプラトンやソクラテスのように歴史的名声を得た人々も、輪廻転生を信じていた。

輪廻転生は人間だけの現象だと考えない人々もいる。北極圏に住むイヌイットは、狩りで殺した動物のために儀式を行い、その動物の霊が生まれ変わって、将来ふたたび狩ることができるように祈る。

歴史、伝説、神話のあいだ

数多くの神話の登場人物や神々、英雄を、かつて地上で暮らしていた実在の人物と一致させる証拠が歴史的文献や考古学的遺跡から見つかっている。こうした歴史と神話のあいまいさは、歴史の断片と物語が数世代にわたって口頭で受け継がれるうちに、現実と空想の境目が自然にぼやけた結果だと思われる。

インカ王朝の伝説的創始者マンコ・カパック

ペルー

マンコ・カパックは太陽神インティの息子で、インカ帝国の創始者である。あるインカ神話によれば、マンコ・カパックは文明化した都市を建設し、人類を進歩させるために、父によって地上に派遣されたという。マンコ・カパックは地下から（チチカカ湖の水中からという説もある）タパク・ヤウリという金の杖を持って現れ、都の建設に最適な場所を探してアンデス山脈とその周辺の谷を旅した。彼は金の杖でその土地の状態を確かめた。ある谷で地面に杖を突き刺すと、杖がなんの抵抗もなく土に潜ったので、そこが探し求めていた場所だとわかった。彼は都の建設を開始し、その場所をクスコと命名した。

●クスコ——13～16世紀のインカ帝国の歴史的首都。

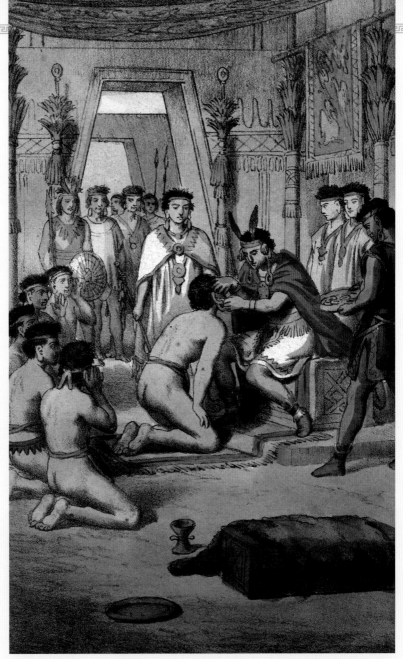

●インカの首都クスコでの儀式。マンコ・カパック（アヤ・マンコ）が王子たちの耳に穴をあけて栄誉の印を与えている。『世界中の人々の習慣と伝統』より、19世紀の版画。

マンコ・カパックは、当時まだ野蛮人のような生活をしていた人間を集めて一緒に暮らし、都の建設を手伝わせた。人々にケチュア語を与え、火、農耕、布の織り方、武器について教えた。彼は無慈悲な男で、情け容赦なく権力を求め、策略を用いて兄弟姉妹を殺して厄介払いしようとたくらんだ。農耕の神になった弟のアイカは、人間ではなく作物を支配して満足していた。マンコ・カパックは宮殿を建設し、一番上の姉ママ・オクリョと結婚して子供をもうけ、インカ人の始祖となった。

アーサー王伝説

イギリス

アーサー王は、5〜6世紀にブリトン人を率いてサクソン人の侵略と戦った半伝説的なブリトン人の指導者である。アーサー王の存在に関しては意見が分かれている。彼はローマに支配されていた時代に実在したブリトン人の戦士のリーダーか王であると信じる歴史家もいる。彼の実在を裏づける十分な証拠はないものの、過去のブリトン人がアーサー王を伝説的指導者として崇拝していた事実を認める意見もある。

キャメロット、マーリン、湖の乙女、聖杯など、アーサー王伝説の中でもっとも有名な物語が記録されたのは12世紀になってからだ。それ以前は口頭伝承として語り継がれていた可能性がある。

　古典的バージョンでは、ユーサー・ペンドラゴン王が敵の妃を凌辱した結果、非嫡出子としてアーサーが誕生する。ユーサーは正統な後継者を残さずに死亡し、次の王をめぐって激しい争いが起きる。跡継ぎ問題に決着をつけるため、魔法使いマーリンは大きな岩に1本の剣を刺す。そしてこの剣を引き抜くことができた者が次の王になると決まった。多数の人間が挑戦して失敗したあと、若いアーサーが偶然にもその意味を知らずに剣を引き抜く。その結果、彼が王になった。

　アーサー王の剣はエクスカリバーと呼ばれ、魔力があった。アーサー王が岩から引き抜いた剣がエクスカリバーだとする物語もあるが、大半の伝説では、エクスカリバーはアヴァロン島で鍛造されたことになっている。エクスカリバーをアーサー王に与えたのはアヴァロン島の支配者である湖の乙女で、アーサーが死ぬとき、剣は彼女に返された。

◉フランスのノルマンディー地方にあるモン・サン・ミッシェル。アーサー王はここでドラゴンを退治したと考えられている。

◉アーサー王と円卓を囲む騎士たち、14世紀の中世細密画に倣って描かれた木版画。円卓が
はじめて登場するのはノルマン人の年代記作家ワースによる『ブリュ物語』(1155年)である。
領主たちが席次をめぐって言い争うのを防ぐために、アーサーが円卓のアイデアを思いついた
とワースは簡潔に述べている。

アーサー王伝説において、マーリンとアーサーは切っても切れない関係にある。ウェールズ神話に起源を持つ魔術師で賢者のマーリンは、アーサー王の治世を通じて王の師としてふるまう。アーサー王の騎士たち全員が平等な立場で円卓を囲んで座るというアイデアを思いついたのも、マーリンであると言われている。

　伝説によれば、アーサー王の名声が高まったのは古代のグレートブリテン島からローマ人が撤退し、サクソン人が大規模な侵攻を開始したあとだ。ブリトン人がベイドン山の戦いで敗北寸前に追い込まれたとき、アーサーが軍を率いてブリトン人を勝利に導いた。アーサー王伝説はこの戦いのあとの平和な時期に発達し、アーサーは勝者、そして城塞キャメロットの建設者として描かれた。

　キャメロットはアーサー王に結びつけられる城と宮廷の両方を指し、彼の王国、そしてアーサー王の世界の象徴として描写される。ランスロットやガウェインなど、アーサー王の騎士たちは円卓を囲んで集う。キャメロットがあった場所として、サマセット地方の沼沢地にあるグラストンベリーの町に近いサウスキャドベリー村や、コーンウォールのセント・マイケルズ・マウントと呼ばれる島など、数多くの候補地が提唱されている。アーサー王はフランスのモン・サン・ミッシェルでドラゴンを退治したという伝説が残っている。

　アーサー王はカムランという場所で、彼の庶子と言われるモードレッドに最後の戦いを挑んだ。この戦いでアーサーは死に、その亡骸はアヴァロン島にある最後の安息の場所に運ばれた。

アルスター物語群とフィン物語群
アイルランド

アイルランドの歴史はケルト神話の4つの物語群を基礎とし、伝説と史実を融合させ、明らかに神話の域を出ない物語に特定の日付を当てはめさえしている。4つの物語群のうち最初の神話物語群と、最後の歴史物語群については、どの程度信頼性を期待できるかはおのずと明らかである。しかし、真ん中のふたつの物語群、アルスター物語群とフィン物語群の場合は、史実と神話の境目はきわめてあいまいだ。

アルスター物語群（ウラド物語群とも呼ばれる）は、英雄時代のウラドについて語っている。ウラドはアイルランド北東部の民族で、「アルスター」という現代の地方名の起源である。時代設定は1世紀で、物語は口頭伝承に基づいて、8〜11世紀のあいだに記録された。写本の形で残されたのは12世紀である。

　これらの写本には『赤牛の書』（1100年頃）、『レンスターの書』（1160年頃）、そしてもっとあとの時代の『レカンの黄書』（14世紀）などがある。これらの物語では、神話的な要素と明確な歴史的詳細が混ぜ合わされている。

　これらの物語と伝説の舞台はキリスト教以前の時代に設定され、古代ケルトの司祭階級であるドルイド、そして二輪戦車に乗って戦う貴族戦士が登場する。また、物語はアルスターと敵国コノートの人々の闘争、父子の対決、斬首、ロマンスに彩られている。ほとんどは短い散文物語だ。

　フィン物語群（フィニアンまたはオシアニック物語群とも呼ばれる）は、3世紀の伝説的英雄フィン・マク・クヴィル（マク・クール）と彼にしたがう戦士の集団（フィアナ戦士団）を中心に展開する。これらの物語

◉ 『フィアナ戦士団の救援に来たフィン・マク・クヴィル』、スティーブン・リード画、1932年。

◉玄武岩でできた六角形の石柱が独特な景観を作る北アイルランドの海岸のジャイアンツ・コーズウエー。伝説によれば、フィン・マク・クヴィルがスコットランドに渡る足がかりとしてこれらの岩を作ったという。フィンはしばしばアイルランドのさまざまな地形を造った慈悲深い巨人として描かれる。

もまた、口頭伝承で受け継がれ、12世紀に記録された。

　フィン物語群のすぐれた写本は『古老たちの語らい』(1200年)で、物語は『赤牛の書』と『レンスターの書』にも収録されている。

　フィン物語群は、それに先立つアルスター物語群に比べると暴力的で荒々しい話は少ないが、依然として闘争と冒険の物語を含んでいる。フィン物語群のテーマは狩猟、ロマンス、知恵で、アーサー王伝説との類似点が見られる。

　フィン(「色白の者」の意)はドルイドの子孫で、フィアナ戦士団の団長だった父親が殺されたあと、森で育てられた。フィンは偉大な戦士に成長し、殺された父親の仇を取って、フィアナ戦士団の団長になる。この物語群にはフィンの息子のオシーンと孫のオスカ、そしてフィアナ戦士団の団員たちの物語もある。戦士のひとりでみめ麗しいディアルミド(ダーモット)は、フィアナ戦士団の崩壊を招く。ディアルミドは年老いたフィンが結婚を望んでいたグラーネ姫と駆け落ちする。のちにディアルミドが負傷したとき、フィンは彼に水を与えるのを拒み、ディアルミドは死んでしまう。この機に乗じてアイルランド王がフィアナ戦士団を攻撃し、戦士団はガウラの戦いで敗れた。

祝福されたブラン
イギリス

祝福されたブランはウェールズ神話に登場する半分人間の巨人である。海神スィールの息子で、太陽神ベレノスを母方の祖父に持つ。「ブラン」は古代ウェールズ語でワタリガラスを意味し、この鳥はブランのシンボルになっている。

ブランは途方もなく大きな体と怪力の持ち主で、魔術を使うことができた。彼は死者を生き返らせる大釜を所有していた。

　祝福されたブランがはじめて登場する物語として知られているのは、『マビノギオン』に収録された『スィールの娘ブランウェン』である。ブランウェンはブランの妹だ。

　ブランウェンはアイルランド王マルソーフに嫁ぎ、息子グウェルンを生む。一時はブリテンとアイルランドの団結と和平が達成されたかに見えた。しかし、ブランとブランウェンの異母兄弟エヴニシエンがふたりをねたみ、マルソーフの馬の脚を切断するという無礼を働いた。そのせいで、やっと達成された和平は決裂の危機に陥る。ブランは償いとして死者をよみがえらせる魔法の大釜をマルソーフに贈ったが、マルソーフはブランウェンを虐待するようになり、毎日のように殴打した。ブランウェンは兄に助けを求める手紙をムクドリに届けさせ、ブランは妹を救うために兵士を集めてアイリッシュ海を渡った。

　巨人のブランはアイリッシュ海をやすやすと歩いて渡ったが、彼の軍隊はそうはいかなかった。そこでブランは体を横たえて海に橋をかけ、兵士たちはその橋を通って海を越えた。アイルランドはようやく和平に同意したが、エヴニシエンが突然グウェルンを火の中

ENTRY TO THE TRAITORS GATE

●ブランの首が埋葬された「ホワイトヒル」は、現在のロンドン塔がある場所だと考えられている。

●ブランウェンはムクドリを馴らし、夫である冷酷なアイルランド王マルソーフから救い出し
てほしいと兄に手紙を送る。

に投げ込んで殺害してしまう。ふたたび戦争がはじまり、ブラン
ウェンは嘆きのあまり息絶えた。アイルランド人が戦士たちを生き
返らせるために魔法の大釜を使っているのを知って、ブランは大釜
に入って内側から破壊したが、そのときに致命傷を負った。瀕死の
状態で横たわりながら、ブランは自分の死後も侵略者からブリテン
を守れるように、首を大陸の方へ向けてロンドンの「ホワイトヒル」
に埋葬してほしいと頼む。のちにアーサー王はブランの首に見張り
をしてもらう必要はないと宣言し、首を掘り返して別の場所へ移さ
せた。

　ブランが自分の体で作った橋は、この世とあの世を結ぶ彼の役割
を象徴していると言われる。ブランはキリスト教をブリテンに導入
したと伝えられ、その功績によって「祝福された者」という通称を与
えられた。イギリス神話では今もワタリガラスのシンボルが重視さ
れ、ロンドン塔でワタリガラスが飼育されている。もしロンドン塔
のワタリガラスが飛び去ってしまったら、イギリスは侵略者の手に
落ちると言われている。

ロムルスとレムス
イタリア

ローマの伝説では、ロムルスとレムスは双子で、母親はレア、父親は軍神
マルス、またはヘルクレースとされている。母方の祖先はアエネアスで、彼ら
はローマの建国者として知られている。

レアは純潔の誓いを立てたウェスタの巫女だったため、双子を生む
と、誓いを破った罪で罰せられた。このような場合、ふつうは母親
と子供が処刑されるが、アムリウス王は双子の父である神（マルスま
たはヘルクレース）の怒りを恐れて、レアを投獄することにした。子
供は川で溺れさせるように召使に命じたが、召使は双子の命を助
け、彼らを籠に入れてテヴェレ川に流した。
　川の神ティベリヌスは川の流れを静めて子供たちを守った。籠は
イチジクの木の根に引っかかり、雌狼が彼らを見つけて乳を与えて
育てた。それから双子は羊飼いとその妻に引き取られ、成長して羊
飼いとなった。
　ある日、羊を放牧していたとき、彼らはアムリウス王の羊飼いと
出会ってけんかになり、レムスが捕まってしまう。ロムルスは近く
の羊飼いを集めて弟を助けに行った。アムリウス王はレアの息子は
死んだと信じていたため、彼らの正体に気づかなかった。ロムルス
はアムリウス王を殺し、弟を解放した。
　ロムルスとレムスは故郷を離れ、自分たちの都市を建設する場所
を探す旅に出る。しかし、建設場所をめぐって争いが起きた。ロム
ルスはパラティーノの丘、レムスはアウェンティヌスの丘がふさわ
しいと主張した。ふたりは占いで決めようと考え、鳥を見てお告げ
を授かる鳥占いをすることにした。吉兆とされる鳥の数を数える

　歴史、伝説、神話のあいだ

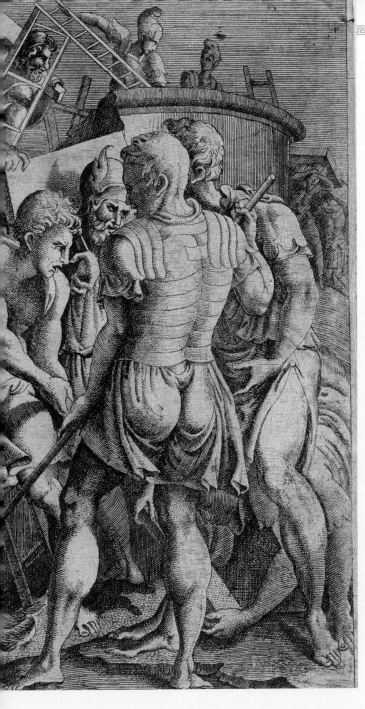

●ローマの城壁を建設するロムルスとレムスを描いた16世紀のエッチング。

●ミラノにあるヴィットーリオ・エマヌエーレ2世のガッレリアというアーケードの床面にあるローマ（雌狼とロムルスとレムス）を表すモザイク画。

と、レムスが見たのは6羽、ロムルスは12羽だったので、ロムルスは自分が勝ったと考えた。しかしレムスは鳥を見たのは自分の方が先で、それこそが吉兆だと主張して譲らなかった。

　ロムルスは都市の建設に着手し、パラティーノの丘に溝を掘って城壁を築きはじめた。レムスは兄が建てた壁を嘲笑し、ロムルス怒ってレムスを殺害する。

　弟を埋葬したあと、ロムルスは都市の建設を続け、自分の名前にちなんでローマと命名した。当初、この都市に集まったのは主に亡命者、犯罪者、逃亡奴隷で、女性の数が不足していた。この問題を解決しようと、ロムルスは都市周辺に住むサビニ人を祭りに招き、男たちが祭りに気を取られているすきにサビニ人の女を誘拐した。ロムルスは彼女たちを強制的にローマ人と結婚させ、その代わりに彼らを「正式な夫婦」と認めて、サビニ人の女と、生まれてくる子供に完全な市民権を与えた。

　サビニ人の王ティトゥス・タティウスはローマに総攻撃をしかけ、ローマ人は敗北寸前に追い込まれた。多くの血が流されたあと、ついにサビニ人の女たちが立ち上がり、子供たちのために和平を求めた。休戦が宣言され、ふたりの王タティウスとロムルスはローマを共同統治することにした。しかし5年後にふたりは決裂し、タティウスは追放された。ロムルスはローマの唯一の王になり、王国は拡大を続け、ついにはロムルスの故郷も領土となった。ロムルスは死ぬまで20年間にわたってローマを統治した。

　ロムルスとレムスが実在したのか、あるいは完全に神話の人物にすぎないのかは、激しい議論の的になっている。彼らに関する物語の中には明らかに空想的なものもあるが、彼らは歴史的人物に基づいていると信じる学者は多い。

アテナイの建設

ギリシア

アテナイ［アテネの古名］はギリシアの首都で、7000年以上前から人が住み、3400年にわたって記録された歴史を持っている。この都市は昔から文学、建築、芸術、教育で名高い。数千年のあいだ世界中から人々がアテナイに集まり、そこで暮らし、交易に励んだ。この都市は今も西洋文明のゆりかご、そして民主主義の生誕の地と称されている。

ギリシア神話では、アテナイの最初の居住地は前3000年頃にアクロポリスの岩の上に築かれた。アテナイの名は、知恵の女神アテナと海神ポセイドンがこの都市の守護神の座を争ったあとで決定された。この競争に決着をつけるため、ゼウスはふたりの神に命じてこの都市にそれぞれ贈り物をさせた。アテナはオリーブの木を贈った。ポセイドンは手にした三叉の矛で岩を突き、海水が湧き出る泉を贈った。人々はアテナの贈り物を気に入り、この女神を守護神に選んだので、この都市は女神にちなんでア

●哲学と知恵の女神アテナイの像。

◉アッティカの陶板に描かれたアテナイの神話上の創始者ケクロプス王、前440年頃。上半身は人間で下半身は蛇、あるいは魚の尾の姿で描かれている。

テナイと命名された。今でもアテネの郊外にはアテナが贈ったとされるオリーブの木々が見られる。アテナイ市民は数々の神殿を女神に捧げ、今日でもアテナイを称える祭りを開催している。公式通貨が作られたとき、硬貨にはアテナイと女神の聖鳥で知恵のシンボルであるフクロウがデザインされた。

伝説によれば、アテナイの初代の王は上半身が人間で、下半身は蛇または魚の尾のケクロプスである。ポセイドンとの競争でアテナを勝者に選んだのはケクロプスだった。彼を始祖とする王朝は前12世紀頃までアテナイを統治した。この王朝の治世のあいだに、アテナイは力と影響力を増し、アテナイを囲む地域の歴史的名称であるアッティカ周辺の居住地を併合した。

この王朝は有名なトロイア戦争（下巻94～95頁参照）の時期もアテナイを統治していたが、メランサスがアテナイの王位を奪い、ついにはドーリア人の文化と言語にとってかわられた。これはヘラクレスの子孫がペロポネソス半島に帰還した「ヘラクレイダイの帰還」と呼ばれる出来事である。

アテナイは多数のギリシア神話と伝説の舞台になった。エーゲ海は息子テセウスがクレタ島でミノタウロスに殺されたと早合点したアイゲウス王が海に身を投げたことから、王の名にちなんで命名された（下巻10頁参照）。

アテナイの王メネステウスはトロイア戦争の伝説の中で重要な役割を演じている。彼はトロイア戦争の原因となったヘレネの求婚者のひとりで、トロイアの木馬の中に隠れてトロイアの陥落に加わった（下巻94～95頁参照）。

トルコ人の母なる狼

トルコ

テュルク民族の神話はさまざまな文化的影響を受けて発達し、広い地域に多様な物語が伝わっている。テュルク神話はシャーマニズムの要素を含み、仏教とゾロアスター教の影響を受けている。イスラム教の流入とともに、その教義と歴史の筋書きが取り入れられた。ギリシア神話とフィン・ウゴル語派の神話体系との類似点も見られる。

テュルク神話の世界では、狼は名誉の象徴であり、トルコ人の母と考えられている。10世紀に書かれた『予言の書』(イルク・ビイティグ)

◉10世紀に書かれた『予言の書』(イルク・ビイティグ)。

●狼のアセナはトルコの
文化的アイデンティティ
の象徴で、1925年にトル
コの紋章にデザインされ
た狼はアセナだと考えら
れている。トルコの初代
大統領ムスタファ・ケマ
ル・アタテュルクが暮ら
すアンカラの公邸には私
的な劇場があり、舞台上
にアセナの図が浮き彫り
にされていた。

◉トルコで印刷された切手には鍛冶屋と狼が描かれている。神話によれば、アルタイ地方に最初に移住したトルコ人は鍛冶技術の高さで知られていた。

は、これまでに発見された中でもっとも重要なテュルク神話の写本である。

　青い狼の伝説は、トルコで長い戦闘と襲撃をただひとり生き延びた少年の話だ。アセナという名の青い雌狼がこの子を見つけ、元気になるまで世話をした。少年は成長してこの狼と交わり、半分人間で半分狼の10人の息子が生まれた。

　そのひとりで、狼と同じくアセナと呼ばれる息子が、狼の頭を紋章とする突厥の阿史那氏の始祖となった。阿史那氏は中世の内陸アジアに存在したテュルク系遊牧民族の部族連合を支配した氏族の名前である。この氏族は最終的に今日のシベリアのアルタイ地方に移住した。

ビラコチャとクスコの建設

ペルー

ビラコチャは天と地、太陽、月、そしてあらゆる生物を造ったインカの最高神
であり、インカのすべての神々の父とされる。ウィラコチャとも呼ばれる。

ビラコチャははじめにインカ帝国以前のペルーの人々に崇拝され、
あとからインカの神々に加えられた。インカの神話では、ビラコ

◉ビラコチャの太陽の門、カラササヤ神殿、ティワナク、ボリビア。

チャは伝説の戦士でインカ王朝の創始者マンコ・カパックに武器と頭飾りを授けたとされている。

　ビラコチャは人間を造ろうと試みて、一度失敗している。最初は石から巨人を造った。この人間たちは乱暴で手に負えなかったため、ビラコチャは洪水を起こして彼らを滅ぼした。次に粘土で人間の男女を造ると、今度はうまくいった。続いて人間に光を与えるために太陽を造り、農耕、言葉、工芸を教えた。創造はチチカカ湖に浮かぶ島々ではじまった。

　マンコ・カパックは最初に創造されたインカ人のひとりだ。彼は地下（またはチチカカ湖）から出現し、都市を建設して文明を興す場所を探す旅に出た。ビラコチャはマンコ・カパックが手にした杖が、なんの抵抗もなく地面に深く潜る場所に都市を建設するように言った。

　マンコ・カパックは、山々の頂に囲まれて3本の川が合流する谷の中の場所を選んだ。インカの風習にしたがって、都市は自然を壊さず、自然を取り入れるように設計された。ビラコチャは創造を終えると、人々に慈愛と工芸を教えながら世界を旅してまわった。彼はコン・ティキという名の物乞いに身をやつし、いつも快く迎えられるわけではなかった。ビラコチャは、自分の留守中は位の低い神々に人間の面倒を見る仕事を任せていたが、常に遠くから見守っていた。

　1438年に死去したインカ皇帝はビラコチャの名前を受け継いで、ウィラコチャ・インカと名乗った。ビラコチャが正式にインカの神々に加えられたのはこの時期だと思われる。

　インカの首都であるペルーのクスコ、そしてカハとウルコスにもビラコチャに捧げられた神殿があった。重要なインカの儀式では、人間と動物が生贄に捧げられた。

玉皇大帝

中国

玉皇大帝は高上玉皇上帝、天公、玉帝とも呼ばれている。

中国神話では、玉皇大帝は最高神で、天の支配者である。地上の皇帝が中国を支配するように、玉皇大帝は天を支配している。中国の神々の概念は、中国の官僚制度に基づいている。模範的な人生を送った人間は、死後に玉皇大帝のいる天に入ることができる。

　玉皇大帝は粘土から人間を造ったとされる最初の神々のひとりだ。しかし神は創造に関与しておらず、物質と運動(陰と陽)の結合が世界を創造したという説もある。

　玉皇大帝の宮廷にいる神々は、中国全体で崇拝される重要な神々だ。たとえば媽祖(「天后」)と関羽(戦争と武勇に関連する神)がそこに含

●北京の天壇。伝統的に冬至と春の年2回、玉皇大帝に生贄が捧げられた。

◉道教の最高神、玉帝(玉皇大帝)。

まれる。

　玉皇大帝は古代中国の口承神話に起源があるが、玉皇大帝が夢に現れたと主張した宋王朝の第6代皇帝神宋によって、1007年に正式に中国の信仰に取り入れられた。

　玉皇大帝の住む宮殿は地上の皇帝の宮殿とそっくりで、宮廷、官僚、兵士は地上のそれとまったく同じように組織されている。

　西王母は玉皇大帝の妻である。西王母の名前は4世紀の歴史書『穆天子伝』に見られる。古代の伝説によれば、西王母は神々が居住する崑崙山に住んでいるとされている。民間伝承では、西王母は従者とともに天の最も高い階層にある玉皇大帝の宮殿に住むという。

　北京の天壇では、毎年冬至と春に玉皇大帝に生贄を捧げた。

◉南沙天后宮の前に立つ天后と称される媽祖菩薩の像。

これまで異文化の信仰体系が出会ったとき、教義の風変わりな融合と数多くの変化が生じた。多くの場合、植民地主義は土着の信仰を圧政者の有力な信仰体系に吸収するか、無理やり調和させた。ときにはより近代的な社会の人々が、ほかの文化と風習の魅力的な面を称賛し、崇拝する場合もあった。このような信仰のぶつかり合いによって、今日まで存続する古代のさまざまな風習が誕生した。

風習と大衆信仰

ビジョンクエスト
北アメリカ

ビジョンクエストは思春期を迎えた少年が伝統的に行う通過儀礼である。北アメリカのグレートプレーンズで暮らす平原インディアン諸部族のあいだで行われる儀式がもっともよく知られている。ビジョンクエストの参加者は水と食べ物を断ち、ひとりで数日間自然の中で過ごし、祈り、瞑想する。体は消耗するが、精神は生まれ変わったようになる。参加者が野生の生き物に感謝し、雑念から心を解放できるように、儀式は気を散らすものがほとんどない美しい自然の中で行われる。

【サンダンスの傷跡】

ポーニー、マンダン、スーなどの部族では、ビジョンクエストは「ビジョンの希求」という意味の言葉で呼ばれる。儀式には体を自然環境にさらす、体を痛めつけるなど、身体的に過酷な課題が含まれる。

ビジョンクエストの参加者が自ら苦行に耐えるだけでなく、他者が傷を負わせたり、幻覚剤を使用したりする部族もある。平原インディアンのサンダンスでは、日中は太陽の熱に、夜は冷気に体をさらしながら4日間ひとりきりで過ごしたあと、動物の爪を体に食い込ませて縄で宙吊りにされる。体に残るビジョンクエストの傷跡は、その人が過酷なサンダンスの儀式を耐え抜いた証だ。

ビジョンクエストは、未来の守護霊の姿を見ようとする試みである。人生のいくつかの段階を通過するときに、自分を導き守ってくれるパワーアニマルという動物の霊を求めてビジョンクエストを行う場合がある。この儀式はアニミズム（下巻201頁参照）、すなわち世界のあらゆる自然物に魂や霊が宿るという思想に基づいている。ビ

ジョンクエストは「霊的な旅」とも言われ、ときには恍惚状態や体外離脱体験と関連づけられる。多くて3日間ひとりきりで過ごすビジョンクエストのあいだに、各参加者はパワーアニマルを目覚めさせるパワーソングを作って歌う。ビジョンクエストのあとは、食事と祝いの儀式が待っている。

◉南アフリカのヨハネスブルクで開催されたタトゥー大会で、人体を吊るすボディサスペンション・ショーに出演する男性。かつてアメリカ先住民が身体状態の変容や、体を宙吊りにするなどの身体改造によって幻視と体外離脱体験を得た方法が、現代のサブカルチャーに取り入れられている。

風習と大衆信仰

◉カナダ北西部のクリー
族による渇きの踊り、ま
たはサンダンスと呼ばれ
る儀式。

風水
中国

風水は中国で3000年以上前に発達し、現在も実施されている古代の技術であり科学である。家庭、オフィス、庭などで、家財道具の置き方によって気の流れを制御し、幸運を招くという思想だ。

風水はお金、健康、仕事、恋愛など、人生のさまざまな面で役に立つと信じられている。簡単に言えば、風水は人と環境の相互作用である。

　古代中国文化では、風と水は健康と関連づけられていた。風と水は人間の生存に必要な基本条件であり、宇宙をめぐる根本的な元素である。風と水は気、すなわち生命力、あるいはエネルギーを運ぶ媒体である。

　風水師は現実の空間に置かれている家具や道具がその空間の気の流れに影響を与え、そこで暮らす人自体の気の流れに作用して、その人の運を決めると信じている。

　風水の考え方は、木、火、土、水、金の5種類の元素で成り立っている。これらの元素は相互に影響しあっていて、5つの元素のあいだにはお互いを生かしあう相性（そうじょう）の関係と、対立して力を弱める相克（そうこく）の関係がある。

　陰陽論は風水を含む道教の宇宙論の中心に位置している。陰と陽の背景にある原理は、宇宙の万物はふたつの対立する、しかし根本的に結びついている力——女性性のエネルギー（陰）と男性性のエネルギー（陽）——で構成されているという考え方だ。風水では、女性性のエネルギーは黒で、男性性のエネルギーは白で表される。

　およそ3万年前、穴居人のネアンデルタールは居住する洞窟を選

●占いに使う陰陽のシンボルを持つ賢人たち。17世紀の中国の皿に描かれた絵。

◉古代中国の風水方位盤。

ぶとき、高地にあって見通しがよく、水に近いという3つの原則に基づいて決めた。これは風水の実践だったと考える歴史家もいる。この3原則は今も「近代的」風水の基本原則である。宇宙をめぐる気、すなわちエネルギーは、個人の体とその人が暮らす環境をめぐっている。

アニミズム
世界の神話

アニミズムは知られている限りで世界最古の信仰体系である。この言葉はラテン語で「息、霊、生命」を意味するアニマに起源がある。アニミズムは、すべての自然物に魂があり、その魂は物質的な体を離れても存在できるという信仰である。動物、植物、河川、山々など、自然の中のすべてのものは内なる霊的本質を持っている。

この霊は人間を助けたり、害を成したりする力があるため、崇める必要がある。アニミスト、すなわちアニミズムを信仰する人は、霊に供物と祈り、踊りを捧げる。あらゆる生き物は平等であるという信念のもと、アニミストは植物と動物は敬意をもって扱われるべきだと考えている。重要なのは、動物と植物を食べるとき、あるいは食べる以外に人間の欲求を満たすために使うとき、正しい方法で行うということだ。たとえばニュージーランドのマオリ族はサツマイモを畑から引き抜くとき、呪文や祈り(カラキア)を捧げる。それはサツマイモが人間と同時期にこの土地に住みつき、土地に対する平等な権利を持っていると認めるためである。

　タイ北部に住むカレン族は、家、野原、水、米、バッファロー、樹木など、あらゆるものに霊が宿っていると信じている。霊が機嫌をそこねて人間に害を与えないように、すべての霊に食べ物を捧げなくてはならない。

　形は違っても、アニミズムの思想は数多くの先住民の霊的な信仰体系に一貫して見られる。アニミズムの概念は深く浸透しているので、ほとんどの先住民の言語にはアニミズムを指す単語さえ存在しない。

◉衣装をつけ、装飾的な
精霊の仮面をかぶって年
1回のピーターコーン（仮
面をつけた精霊）祭りに
集う人々、ダンサイ、
ルーイ県、タイ。

●カリマンタン島(ボルネオ島のインドネシア領の地域)にある木像は、ダヤク族によって祖先を記念し、悪霊を寄せつけず、生贄の儀式のあいだバッファローをつないでおくために使われる。この木像は頭に守護動物を乗せている。

神託と占い

世界の神話

神託とは、未来や未知のことがらについて超自然的な方法で知識を得ようとする試みである。神意を解釈するための道具を用いて、神々から直接情報を集める行為はすべて神託と呼ばれる。一方占い師は、人の未来を予言する能力は生まれつき備わったもので、神託と違って神々の導きは必要ないと考えている。なんらかの方法で未来を見通す能力のある人々は、占い師、易者、千里眼、巫女、卜占官など、さまざまな名称で呼ばれる。たとえばローマ神話では、双子の兄弟ロムルスとレムスは卜占官に相談してローマの都を建設する土地を決定した。

●カップに残るコーヒーの粉で未来を占う。チャールズ・ウィリアム・シャープ（1818〜99年）による版画。

龍兎不合

雞犬不合

猪猴不合

順相
親事定
有成

◉アンリ・ドレ神父による『中国民間信仰研究(Recherche sur les superstitions en Chine)』に複写された占いの場面と、中国の黄道帯に割り当てられた十二支、1911年。

西欧では、占いは15〜16世紀にはじめてヨーロッパに姿を現した
ロマ人と密接に結びつけられている。神託は非西欧文化、特に中国
で、神託に関する古代の経典『易経』から発生した。『易経』は19〜
20世紀に西欧に広まった。神託と占いはインチキが多い分野で、
こじつけや、誰にでも当てはまる一般論がしばしば含まれる。組織
的な宗教の多くは、聖典で禁止されていることを根拠に、占いと神
託を否定している。

聖なる記念碑ワカ

南アメリカ

古代インカと南アメリカの現代のケチュア語では、ワカは崇拝の対象を象徴するある種の記念碑を指す。ワカという言葉は、「聖なるもの」、「神々しいもの」という意味だ。

ワカは巨石などの自然物もあれば、人間が作った神殿もある。ケチュア族に伝わる伝統的な信仰によれば、すべての物には物質的な

●月のワカの壁の模様、ペルーのトルヒーヨ市。

◉月のワカの考古学遺跡群、ペルーのラ・リベルタード県トルヒーヨ市近郊。

存在と、ふたつの霊（カマケン）がある。霊のひとつがこの物を創造し、もうひとつの霊がそれを活動させる。

ワカは石を積んだだけの簡素なものから、彫刻をほどこされた階段式ピラミッドのような複雑なものまであり、エクアドルからチリにまたがる昔のインカ帝国全体で発見されている。南

北アメリカ大陸には、それ以外の世界に建設されたピラミッドの総数を上回る数のピラミッドが存在する。いくつかのワカは儀式的な行列の通り道となるセケと呼ばれる直線上に建設されている。ワカはインカ文明の宇宙論を表現するために配置され、しばしば天文学と季節に関係のある儀式に合わせて並んでいる。

ペルーのトルヒーヨ郊外には、ふたつの神殿、太陽のワカと月のワカが隣り合わせに立っている。このふたつのワカは、合わせてモチェのワカと呼ばれている。ふたつのピラミッドのうち太陽のワカの方が大きく、南北アメリカ大陸で最大の日干しレンガの建築物である。この双子のワカは、モチェ文化の最盛期だった400〜600年頃に、もっとも重要な文化の中心地だったと思われる場所に建設された。現代の観光客にとって太陽のワカは巨大な構造物に見えるが、実際に目にできるのは全体の3分の1にすぎない。

イエスの生まれ変わりとしてのケツァルコアトル

メソアメリカ

ケツァルコアトルはメソアメリカ神話の風と知恵の神だ。この名前は、アステカ人の言語であるナワトル語に起源があり、「羽毛のある蛇」を意味している。

ほとんどの場合、ケツァルコアトルは羽毛のある蛇として描かれるが、彼を崇める人々とは似ても似つかない白人の姿で表される場合もあり、「ひげを生やした白い神」とも呼ばれる。

　モルモン教徒と呼ばれる末日聖徒イエス・キリスト教会の信徒たちは、自分たちの教会はイエス・キリストが創設した最初の教会を再建したものだと考えている。ひげを生やした白い神として表されるケツァルコアトルは、実際にはイエス・キリストの生まれ変わりだと信じるモルモン教徒もいる。『モルモン書』という聖典には、キリストは復活後にアメリカ先住民のもとに現れたと伝えられている。

　この思想はモルモン教徒のあいだで激しい議論になっている。「羽毛のある蛇」を崇めることは蛇崇拝とみなされ、キリスト教の教義に反するという意見がある。一方で、モーゼが青銅の蛇を旗竿につけて掲げたという聖書の記述を例に挙げて、蛇は聖書で重要な役割を果たしていると主張する人もいる。

　ケツァルコアトルはイエス・キリストであると信じる人々は、証拠として次のように主張している。

> ⦿ メソアメリカ人はケツァルコアトルが生命の創造者だと信じていた。
> ⦿ メソアメリカ人は彼が万物の最高神だと信じていた。
> ⦿ メソアメリカ人は彼が戻ってくると信じていた。

◉ニーファイ人の前に現れるキリスト。『モルモン書』によれば、ニーファイ人は聖書の時代にエルサレムから古代の南北アメリカ大陸に移住した4つのグループのうちのひとつである。モルモン教徒はキリストが中東で生涯を終えたあと、復活してアメリカを訪れ、そこで選ばれた人々に教えを説き、癒したと信じている。

◉ケツァルコアトルは徳を説いた。

◉ケツァルコアトルは長いひげをたくわえた白人男性の特徴を備えていた。

この考えに反対する人々は、ケツァルコアトルについて次のように述べている。

◉ケツァルコアトルは蛇崇拝に結びついている。

◉ケツァルコアトルに人身御供が捧げられていた。

◉彼には双子の兄弟(ショロトル)がいた。

羽毛のある蛇の神はアステカ人独特のものではない。多数の古代メソアメリカ文化に、背が高く白い肌で、ひげを生やした羽毛のある蛇が従者を連れて登場する。この神はインカ人にはビラコチャ(下巻185~188頁参照)と呼ばれ、マヤ人にはククルカンと呼ばれている。

◉羽毛のある蛇ケツァルコアトルがアステカ様式の鮮やかな背景とともに描かれている。

魔術と魔法
世界の神話

魔術と魔法はどちらも希望を叶えるために、呪文と、神秘的な、あるいは超常的な手段を使って超自然的な力を利用するという点で、同じような技だと考えられている。しかし、それらはいずれも多様な定義を持つ複雑な概念である。

魔術は、よしあしは別として呪文を用いて魔力を使う技であり、特に「黒魔術」を指すことが多い。魔術は学習することができない生まれつきの神秘的な力の現れと考えられている。一方、魔法は誰でも学んで実践できる魔力の一種とみなされている。

　魔術の概念は文化によって大きく異なる。いくつかの社会では、魔術はシャーマニズム、自然崇拝、迷信、魔法などの風習とは明確に区別される古代の信仰だと考えられている。

　伝統的に、魔術の実践者が女性の場合は魔女と呼ばれ、男性の場合は魔術師と呼ばれるが、現代では「魔術師」は男女どちらにも当てはめられる。英語では、女性の魔法使いと男性の魔法使いを呼び分けている。

　魔術も魔法もどちらも数千年前から世界中の社会と文化に存在している。古代ローマとギリシアの神話、そして聖書では、たびたび魔術師について触れている。

　魔術師はしばしば迫害されてきたが、ウィッカと呼ばれる魔術崇拝の伝統は、他者を傷つけず、カルマと母なる自然との結びつきを信じる宗教として世界中で実践されている。

◉セイラムの魔女裁判。魔女として告発された女性が異議を申し立て、告発者のひとりである少女がけいれんと思われる症状で倒れている。この裁判では数人の女性が告発、証言、そして芝居がかった実演を行った。

◉魔女のバーバ・ヤーガ、『うるわしのワシリーサ』の挿画、1902年。

ブードゥー
西アフリカ

ブードゥー（ヴォドゥンとも呼ばれる）は現在も世界中で信仰される宗教である。ブードゥーの基本的な要素は西アフリカ、特にベナン共和国から奴隷貿易とともに伝わった。ブードゥーの信仰では、自然は精霊の力で完全に支配され、人々は精霊に供物と動物の生贄を捧げて敬い、崇めなければならない。ブードゥーの実践者は神々や精霊と交信する手段としてトランス状態に入る。儀式では魔術的な慣習が重要な役割を果たしている。新世界に奴隷が移住させられると、キリスト教の要素がブードゥーの慣習に取り入れられるようになった。ときにはアフリカの神々がキリスト教の聖人のような側面を持つ場合がある。これまでに何度もブードゥーを禁止する試みがなされてきたが、ブードゥーは弾圧を乗り越え、現在でも世界各地で盛んに信仰されている。

西アフリカ以外では、ブードゥーは主としてハイチ・ブードゥーとニューオーリンズ・ブードゥーのふたつの支流に分かれている。ハイチでは、ブードゥーは1993年から国教に定められている。ハイチのブードゥーは、奴隷として強制的に集められたいくつかの部族（ヨルバ族とフォン族を含む）が融合してできたアフリカ人移住者の宗教である。ハイチのブードゥーにはフランスのカトリックの要素も入っている。たとえばルワ（精霊）を崇めるために、カトリックの聖人の図像が使われる。ルワは出身地域と部族によって、ラダ・ルワ（フォン族とヨルバ族の精霊）、ペトロ・ルワ（コンゴ人、タイノ族、近代のハイチ人の精霊）、ゲデ・ルワ（死者の精霊）などのグループに分かれている。ハイチのブードゥーで用いられる言語はクレオール言語（奴隷の言語の影響を受けたフランス語）である。

　それぞれのルワが担う役割は異なり、人々は必要とする手助けの

種類に応じて個別のルワに祈る。ルワには男性も女性もいて、女性のルワも男性と同等の重要性を持っている。女性司祭が指導するブードゥーのコミュニティは数多くある。

　西アフリカのブードゥーでは、祖先の霊は、氏族の創始者、家系が継承される前に死亡した人、最近亡くなった死者と故人を知る人がまだ生きている死者という、3つの階級に分けられる。

　ニューオーリンズのブードゥーにはハイチのブードゥーと同じルワの一部が含まれるが、カトリックの聖人も重視されている。典礼には主に英語が用いられる。

　世界の多数の宗教と同様に、ハイチの国教は悲劇的な激動の歴史を持つ民族の豊かな文化的表現であり、その歴史には弾圧への断固たる抵抗が含まれている。祖先の伝統が脈々と受け継がれ、逆境に立たされた民族を支え続けている。ブードゥーの信仰は、捻じ曲げられ誤解された歴史とともに、ひとつの謎であり続けている。

◉儀式のためにブードゥーの神殿に置かれた油と血で覆われた像、ボヒコン、ベナン共和国、西アフリカ。

◉ルワのひとり、バロン・サメディを真珠を使って表したブードゥーの旗、ポルトープランス、ハイチ。

祖先崇拝
世界の神話

祖先崇拝は本質的に宗教ではないが、さまざまな文化と信仰を持つ人々によって現在も実践されている宗教的慣習である。亡くなった家族の霊が残された家族を見守り、生きている人の人生に影響を与え続けるという信念が根底にある。祖先の霊は、生きている者と創造主の仲立ちを務めるとも考えられている。

祖先崇拝は中国、アフリカ、マレーシア、ポリネシアで、今も信仰の中心を占めている。祖先崇拝の起源は古代のローマとエジプトまでさかのぼる。祖先崇拝のふたつの主要な原理は、死者は生きている人間をずっと気にかけているという考えと、人は死後も生者に危害を加える可能性があるため、死者を慰めなければならないという恐れだ。崇拝されるのは社会的名誉のある道徳的な人生を送った人でなければならないため、祖先が誰でも崇拝されるわけではない。

アメリカ先住民のプエブロ族のあいだで

◉『ノーチュルチュウの悲しみ』、『プエブロ・インディアンの民話』に収録された古い版画、1910年、チャールズ・フレッチャー・ラミス画。

◉パセオ・デ・ラ・レフォルマを通行する死者の日のパレード、メキシコ市。

●ハリウッド・フォーエ
バー墓地で開かれた第15
回死者の祭り（ディア・
デ・ロス・ムエルトス）
に参加する女性、ロサン
ゼルス、カリフォルニア。

は、人は死ぬとカチナと呼ばれる神話上の祖先と融合してひとつになると信じられている。生きている者に雨、幸福、多産が授かるように、仮面をつけて死者に祈りを捧げる儀式が行われる。

中国と日本では、年長者の知恵を敬い、家系継承の重要性を信じる思想が祖先崇拝の中心にある。宗教的儀式は一般的に家庭や寺院での祈りと供物を含む家族行事になっている。

墓標や墓穴の位置は風水(下巻198〜200頁参照)を参考にして決められる。遺骨や遺体は墓に安置され、大勢が集まる儀式は墓前で行われる。死者の象徴となる位牌は寺院か家庭内の祈りの場所に置かれる。

ディア・デ・ロス・ムエルトス(死者の日)はメソアメリカに起源を持つメキシコの祭りだ。この日、人々は祖先を名誉と敬意で称える。この祭りは賑やかで楽しい行事で、伝統的に毎年11月1日か2日に開かれる。砂糖とチョコレートで頭蓋骨の形のお菓子が作られ、人々は伝統衣装を着て、通りでパレードが行われる。フランス、スペイン、ポルトガルなど、ローマ・カトリックの伝統を受け継ぐ国々で死者の日に相当するのは諸聖人の日だ。この日、人々は1日仕事を休み、亡くなった家族や親戚への供え物として、ろうそくや花を持って墓地を訪れる。

結び

本書を最初から最後まで読んだ人も、ページをパラパラめくって興味のあるところだけ読んだ人も、私たちの祖先が世界を理解するために生み出した創造的な仕事に、きっと驚きを禁じ得ないだろう。私たちの知識も記録された歴史も及ばない遠い昔に誕生し、何千年も前から連綿と受け継がれてきたこれらの複雑な物語に、世界各地の人々がはじめて出会ったときの驚きはどれほどのものだっただろうか。

　私たちが手にしているのは目がくらむような遺産だ。今日でも神話が私たちの想像力に影響を与え、無数の作家たちを刺激して、これらの歴史的財宝をふたたび現代によみがえらせる意欲を掻き立てたとしても驚くにあたらない。私が不思議に思うのは、本書の冒頭で述べた世界の神話の共通性である。世界各地の神話に見られる類似性は、さまざまな民族の文化が人類全体の物語の認識できる部分を共有していることを示している。

　本書を通じて、私たちは気象の神、農耕の神、戦闘の神、死の神など、さまざまな神々の物語をたどった。もちろん愛の神もだ。世界全体で、そして人間がその中に占める途方もなく長い歴史を通じて、神々の種類は驚くほど似ている。これらの神々は、しばしば自分の役割と矛盾するようないくつかの仕事を兼ねている。地上に農耕のシステムを打ち立てたかと思うと、一方では「戦闘の神」のささやかな仕事を果たす神が生産的な業績を残すとは、いったいどういうことだろう。それらの仕事に誇りはあるのだろうか？　しかしおそらくこの二律背反性は、私たち人間の心理の大きな特徴だろう。生産と成長、そして破壊と無意味な殺戮という二元論を、私たちは

現在でもこの世界で体験している。おそらく人間には、この種の矛盾した行動を正当化しようとする性質が生まれつき備わっているのだろう。

　私たちが受け継ぎ、共有し、ほかの文化と比較し、変化させてきた神話的素材の大部分は、詩人によって書かれ、観察と経験からではなく、人間の直感から生じた知識を大量に含んでいるという事実を忘れてはならない。これらの物語には数多くのシンボルが使われているため、すべてを文字どおりに解釈することはできない。しかし、神話が提示する説明と、経験を秩序立てて解釈する詩的な言い回しを賛美することはできる。それらは人間がどのようにして原初の混沌を脱し、私たちが故郷と認識する世界、私たちが構造を理解

できる世界へと移行したかを示している。

　私たちは科学と技術の時代に深く根を下ろしているため、祖先の信仰体系の空想的な面を簡単に批判し、ばかにしさえする。語り部が尊敬され、物語が創意工夫の典型だった昔の文化にとって、心を奮い立たせる物語にどれほど強い力があったかを私たちは忘れがちだ。今日、私たちはこの種の創作に昔より懐疑的になっているとしても、私たちの人生は今も物語の影響を強く受けている。メディアから受け取るニュース、定期購読している政治論、科学から得る理論など、たとえなんであろうと、物語を必要とする私たちの気持ちは祖先のそれとほとんど変わらない。

参考文献

◉Brogan, T., & Preminger, A. (1993). *The New Princeton Encyclopedia of Poetry and Poetics*. Princeton, N.J.: Princeton University Press.

◉Burn, L. (1990). *Greek Myths*. Hyderabad: Orient Blackswan.（ルシラ・バーン『ギリシアの神話』市川裕見子訳、丸善、1994年）

◉Dell, C. (2012). *Mythology: An Illustrated Journey into our Imagined Worlds*. London: Thames and Hudson.（クリストファー・デル『テーマ別世界神話イメージ大百科』、前田耕作監修、花田知恵訳、東洋書林、2013年）

◉Graves, R. et al (1959). *New Larousse Encyclopedia of Mythology*. London: Hamlyn.

◉Grimal, P. (1986). *A Concise Dictionary of Classical Mythology*. Oxford, Basil Blackwell Ltd.

◉Hamilton, E. (1940). *Mythology: Timeless Tales of Gods and Heroes*. New York: Mentor.

◉Lagasse, P. (2017). *The Columbia Encyclopedia*. New York: Columbia University Press. Accessed at credoreference.com via University of Western Australia Library license.

◉Leeming, D. (1994). *A Dictionary of Creation Myths*. Oxford: Oxford University Press.

◉Lönnrot, E., (Compiler). (1963). *The Kalevala: or Poems of the Kaleva District*. Cambridge, Mass: Harvard University Press.

◉Lynch, P.A. and J. Roberts (2010). *African Mythology A–Z*, (2nd edition). New York: Infobase Publishing.

◉March, J. (2008) *The Penguin Book of Classical Mythology*. London: Penguin Books.

◉McLeish, Kenneth. (1996). *Bloomsbury Dictionary of Myth*. London: Bloomsbury.

◉Mhiti, J.S. (1969). *African Religions and Philosophy*. London, Heinemann.

◉Reed, A.W. (1978). *Aboriginal Myths: Tales of the Dreamtime*. Sydney: Reed Books Pty Ltd.

◉Seal, G. & White, K.K. (2016). *Folk Heroes and Heroines around the World*, 2nd Edition. Santa Barbara: Greenwood.

◉Smith, W.R. (1970). *Myths and Legends of the Australian Aboriginals*. Sydney: George G. Harrap & Company Ltd.

図版クレジット

- AKG Images: 83 (Pictures from History), 199 (Heritage-Images/CM Dixon)
- Alamy: 50–51 (Chronicle), 80 (Chronicle), 86 (Heritage Image Partnership Ltd.), 104–105 (Eye Ubiquitous), 107 (Jeff Morgan 02)
- Bridgeman Images: 32–33 (Museo Horne, Florence, Italy), 44–45 (© Christopher Wood Gallery, London, UK), 66 (Museum of Fine Arts, Houston, Texas, USA/Gift of Alfred C. Glassell, Jr.), 91 (Private Collection/© Look and Learn), 92 (British Library, London, UK/© British Library Board. All Rights Reserved), 99 (Louvre, Paris, France), 108–109 (Private Collection), 115 and 123 (Bibliotheque Nationale, Paris, France/Archives Charmet), 120 (Musee des Beaux-Arts, Strasbourg, France), 124–125 (Historiska Museet, Stockholm, Sweden), 144 (De Agostini Picture Library/M. Seemuller), 150–151 (Bibliotheque des Arts Decoratifs, Paris, France/Archives Charmet), 171 (Private Collection), 179 (Pictures from History), 190 (Pictures from History), 196–197 (Private Collection/© Look and Learn/Illustrated Papers Collection), 206–207 (Private Collection/Archives Charmet), 205 (Bibliotheque des Arts Decoratifs, Paris, France/Archives Charmet), 230-231 (Musee du Petit Palais, Avignon, France), xxx (Pictures from History), Xxx (Musee des Beaux-Arts, Strasbourg, France)
- Getty Images: 17 (Universal History Archive/Universal Images Group), 31 (Stefano Bianchetti/Corbis Historical), 35 (Heritage Images/Hulton Archive), 56 (Joel Saget/AFP), 60 and 78 (duncan1890/ DigitalVision Vectors), 113 and 114–115 (Dea/G. Dagli Orti/De Agostini), 103 (NurPhoto), 152 (Dea/G. Dagli Orti/De Agostini), 157 (Stefano Bianchetti/ Corbis Historical), 195 (Gallo Images), 204 (Nomadic Imagery/Moment), 222 (Eric Lafforgue/Art in All of Us/Corbis News), 223 (Godong/robertharding), 224 (duncan1890/DigitalVision Vectors)
- The Metropolitan Museum of Art: 28(gift of Thomas H. Guinzburg, The Viking Press, 1979), 40 (gift of Junius Spencer Morgan, 1919), 41 (Fletcher Fund, 1987), 43 (The Elisha Whittelsey Collection), 54–55 (gift of Dr. J. C. Burnett, 1957), 68–69 (John Stewart Kennedy Fund, 1910), 96–97 (The Elisha Whittelsey Collection), 54--55 (gift of Dr. J. C. Burnett, 1957), 68–69 (John Stewart Kennedy Fund, 1910), 96–87 (The Elisha Whittelsey Collection), 119 (Bequest of Harry G. Sperling, 1971), 127 (Gift of Henry Walters, 1917), 131 (Mary Griggs Burke Collection, Gift of the Mary and Jackson Burke Foundation, 2015), 148 (Rogers Fund, 1920), 174-175 (Rogers Fund, Transferred from the Library, 1941)
- Shutterstock: 10, 11, 13, 15, 18, 22–23, 24, 36–37, 58–59, 62, 63, 64, 65, 71, 76–77, 85, 95, 113, 128–129, 133–134, 135, 136–137, 145, 146–147, 153, 156, 160–161, 166–167, 170, 176, 178, 183, 183, 184, 185, 186–187, 189, 191, 192, 200, 203, 209, 210–211, 214–215, 226, 218–219, 225, 226–227, 230–231

◉Wikimedia Commons: 114 (Jean-Pol Grandmont), 21, 27, 47, 49 (Mabie, H. W. [1908]. Norse Stories Retold from the Eddas. New York: Dodd, Mead and Company.), 53 (posted to Flickr by WL), 67 (British Library), 74 (JJ Harrison), 72 (NASA, ESA, AURA/Caltech, Palomar Observatory), 79 (Illustration by Stephen Reid from Rolleston T.W. [1910] The High Deeds of Finn and other Bardic Romances of Ancient Ireland. London: George G. Harrap and Co.), 84 (Gift of Mrs. Russell Sage, 1910), 101 (Osama Shukir Muhammed Amin FRCP[Glasg]), 112, 139 (State deposit 07/07/1925), 141 (Ateneum, Helsinki, Finland), 162 (illustrations by F. Kellerhoven from Lacroix, P. [1873] Les arts au moyen age et a l'époque de la renaissance. Paris: Library de Firmin Didot Frères), 165, 181 (The British Library), 220 (illustration by Ivan Bilibin), 239 (The Blessing Studio, Salamanca, New York, United States)

索引

［著者］
テリー・アン・ホワイト

西オーストラリア大学英語学部で1996年から教授を務め、1999年に同大学で高等研究所設立に携わる。作家としても高い評価を受け、フィクションと学術書の両方を出版している。常に表現活動に関心を持ち、他の思想家やアーティスト、特に視覚芸術と舞台芸術のアーティストとの共同作業に力を入れている。現在はオーストラリアのパースにある西オーストラリア大学出版部の部長を務めている。

［訳者］
大間知 知子

お茶の水女子大学英文学科卒業。訳書にソルター『世界を変えた100のスピーチ』、ジェスティス『ヴィジュアル版 中世の騎士 武器と甲冑・騎士道・戦闘技術』、ビッカム『イギリスが変えた世界の食卓』、アザリート『生活道具の文化誌』、サックス『図説世界の神獣・幻想動物』などがある。

The Story of World Mythologies
by Terri-Ann White

Copyright © Arcturus Holdings Limited
www.arcturuspublishing.com
Japanese translation rights arranged with Arcturus
Publishing Limited, London
through Tuttle-Mori Agency, Inc., Tokyo

［ヴィジュアル版］

テーマとキャラクターで見る
世界の神話［下］

2024年3月5日　初版第1刷発行

著者─────────テリー・アン・ホワイト
訳者─────────大間知 知子
発行者────────成瀬雅人
発行所────────株式会社原書房
　　　　　　　　　〒160-0022 東京都新宿区新宿1-25-13
　　　　　　　　　電話・代表 03-3354-0685
　　　　　　　　　http://www.harashobo.co.jp
　　　　　　　　　振替・00150-6-151594
ブックデザイン───小沼宏之［Gibbon］
印刷─────────シナノ印刷株式会社
製本─────────東京美術紙工協業組合